高校学籍学历管理育人

理论思考与实践探索

吴能武　张惠虹 / 编著

上海教育出版社
SHANGHAI EDUCATIONAL
PUBLISHING HOUSE

编 委 会

主　　　任：吴能武　张惠虹

编委会成员：（按姓氏笔画顺序排序）

万珊珊　王沁怡　卞月妍　朱秀蓉　李学尧

余梦梦　林佳男　罗岳峰　周赛君　袁　铭

徐文凤　韩燕岑　焦　佳

序

　　内涵式发展是新时代教育事业发展的根本出路。高等学校内涵式发展需要从日常管理入手,以优质的管理激发学校发展的内在动力。优质的日常管理需要紧紧围绕管理育人的目的,实现管理制度的体系化、管理手段的信息化、管理流程的程序化、管理行为的规范化。

　　国无德不兴,人无德不立。立德树人是教育的根本任务。高等学校要培养社会主义建设者和接班人,完成立德树人的任务,需要专业课教师、管理部门工作者等与思想政治教育工作者协同配合、互联互通。学校的每一位教职员工都担负着育人的职责,每一个部门都具有育人功能。什么是管理?这是强调管理育人时首先要面临的问题。群体为了实现群体目标,让个体放弃部分行为的自由而进行的协同活动,就是最初的管理。高校的管理目标就是追求高质量的育人成果。事实上,高校的管理工作涵盖了行政管理、教学管理、安全管理、校园管理、财务及资产管理等方面。管理育人,就是把思想政治教育融入学校各类管理活动,立足学生,全面落实立德树人根本任务。通过加强高校内部结构治理,充分利用管理载体和平台,创新管理模式,完善各项规章制度和实施流程,能够形成良好的管理成效,促进高校在管理工作中有意识、有目标、有计划地培养大学生,让其在理想信念、道德情操、法律素养和日常行为规范等方面得到全面、和谐的发展。

　　在这些管理活动中,学籍学历管理因其对学校人才培养的重要作用,是尤为值得注意和研究的话题。学籍学历管理既属于学生管理,又属于教学管理,在纵向上贯穿高校人才培养的全过程,在横向上直接影响学校学风、教风、校风和学生培养质量,是协调和稳定教学秩序,调动和维护学生学习积极性、创造性,保证和提高教学质量与管理效率的重要手段。发挥学籍学历管理育人实效,要着力体现以学生为本的现代教学理念,增强学籍学历管理的弹性,强化学籍学历管理制度的服务内涵,形成符合时代和社会发展及受教育者身心发展规律的现代学籍学历管理制度体系。这应当成为当前高校管理者着力思考的问题和学籍学历管理工作改革的方向。让学生拥有更多的选择、更多的发展机会,真正体现以生为本的教学管理理念,才能实现管理育人的功能。

随着信息技术与教育的深度融合,很多高校对学籍学历管理工作进行了探索和研究。他们坚持贯彻以人为本的指导思想,坚持实事求是的科学态度,建设促进创新的导向平台,推进依法治校的有效落实,细化立德树人的评价体系,积极探索、总结适应新时代教育需求的办学形式、组织模式和运行机制。《高校学籍学历管理育人:理论思考与实践探索》一书,坚持正确的政治方向和学术导向,围绕立德树人根本任务,厘清学籍学历管理育人的内涵、价值,探索学籍学历管理育人的理念、机制,规范学籍学历管理育人的宣传和落实,总结学籍学历管理育人的经验和案例,通过分析学籍学历管理现实困境,强调理念塑造、机制构建和规范引导的重要作用和实施路径。书中收录了一系列事迹鲜活、育人效果显著的工作案例和经验总结报告,覆盖了大学生从进校到出校培养全过程中学籍学历管理的典型场景。这些育人案例都是各高校在长期理论研究和实践探索过程中的智慧结晶,相信对高校管理者和广大学生的自我探索都会有很好的启发作用。

教育部高校学生司原二级巡视员　解汉林

目　录

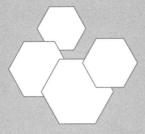

高校学籍学历管理育人理论思考与实践探索

上篇

作为高校治理的重要一环,学籍学历管理制度的建设成果是衡量高校治理体系和治理能力现代化的关键性指标。由于其贯穿高校人才培养始终的制度性质,如何通过学籍学历管理来实现育人目标,有必要成为学术界和实务界重点研究的课题。本书试图在进一步厘定"三育人"理念的前提下,结合国内高校学籍学历管理的工作实践,致力于对高校学籍学历管理育人的相关问题进行理论剖析,并在此基础上对既有的实践经验进行深入探索,期待为各地各校的学籍学历管理育人工作提供可供借鉴的思路。

一、学籍学历管理育人的溯源、内涵及其价值

(一) 学籍学历管理育人的理论溯源:"三育人"的理念

1. "三育人"理念的提出

"三育人"的理念由来已久,可追溯至 1950 年的中国教育大会第一次全国代表大会。这次大会首次提出"教育育人、管理育人、服务育人"的"三育人"口号。① "三育人"理念是教育理念的一次历史性突破,也是对新型教育模式的一种探索。尽管中间经历停滞,但到了 20 世纪 80 年代中后期,"三育人"理念又成为教育战线的共识。

1996 年 10 月,中国教育工会基于深化"三育人"理念的目的,为了大力推进教师队伍建设和精神文明建设,中国教育工会四届七次常委会决定在全国开展以加强师德建设为中心的"树师表形象,创文明校风,为实现跨世纪宏伟目标做贡献"的活动,从而促进"三育人"活动的深度和广度不断发展。②

2. 三类"育人"的体系关联

对于"三育人"理念的内在关联,胡振宇、胡安周认为:"教书育人、服务育人、管理育人在学校教育工作中是一个整体。它们的关系是:教书育人是育人

---

① 参见范小凤:《论新时期高校"三全育人"德育模式及其运作机制》,华东师范大学 2011 年硕士学位论文。

② 参见祝晓璇、王雷:《基于三全育人理念的高校资助工作网格化模型构建》,载《当代教育实践与教学研究》2019 年第 14 期。

的主线,服务育人为教书育人提供基础,而管理育人则起着教书育人的中枢作用。"①翟建设认为:"管理育人对教书育人及服务育人的发展起着重要的引导和推动作用,高校管理育人与二者相比,具有间接性、渗透性及全方位性的特点。"②帅斌认为:"教师是直接言传身教地育人,管理者的管理服务亦可直接或间接地育人。这是一个不可分割的育人体系。"③祝晓璇、王雷认为:"三者并不是相对孤立的,而是一个整体的概念,且教书和育人、管理和育人、服务和育人是相互融合、相互依存、相互促进的。"④

根据教育一致性原理,本研究认为学校教学、管理和服务不仅会作用于人才培养的过程,还会潜移默化地影响学生思想和行为。教书育人、管理育人和服务育人各有特点又相互融合,共同构筑了高校育人的有机整体。教书育人是育人的主渠道和主导力。服务育人是育人的重要组成部分,为教书育人和管理育人提供基础保障。管理育人是育人的引导力和推动力,对教书育人、服务育人的实施起到支持、促进和监督的作用。

3."三育人"理念的新发展

进入 21 世纪之后,"三育人"理念日益受到重视,并获得更进一步的发展。2004 年 10 月 14 日,中共中央、国务院发布《关于进一步加强和改进大学生思想政治教育的意见》,提出教书育人、管理育人、服务育人、环境育人、实践育人五个方面合力育人的途径和方法,以获得全员育人、全程育人、全方位育人的理想教育效果。2016 年,全国高校思想政治工作会议上,习近平总书记指出,把思想政治工作贯穿教育教学全过程,实现全程育人、全方位育人,努力开创我国高等教育事业发展新局面。2017 年,《高校思想政治工作质量提升工程实施纲要》首次提出从十大方面构建一体化育人体系,推动"三全育人"即全员育人、全程育人、全方位育人综合改革,主要内容包括课程、科研、实践、文化、网络、心理、

① 参见胡振宇、胡安周:《试论教书育人与服务育人、管理育人的关系》,载《河南金融管理干部学院学报》2001 年第 4 期。

② 参见翟建设:《新形势下推进高校管理育人工作的有效途径》,载《中国教育学刊》2015 年第 S1 期。

③ 参见帅斌:《管理育人的价值取向——对新版〈普通高等学校学生管理规定〉的价值解读》,载《思想教育研究》2018 年第 5 期。

④ 参见祝晓璇、王雷:《基于三全育人理念的高校资助工作网格化模型构建》,载《当代教育实践与教学研究》2019 年第 14 期。

管理、服务、资助和组织等方面工作的育人功能。

从"三育人"到"五育人"，再到"三全育人"，"育人"一词的内涵得到进一步拓展和衍生。但它们内核是一致的，即将育人融入日常教学、管理和服务，其核心仍是"三育人"——教学育人、管理育人和服务育人。其中，教学育人主要包括课程育人、科研育人、实践育人三个方面，管理育人主要包括组织育人、制度育人、文化育人三个方面，服务育人主要包含资助、心理、后勤、网络等方面。同时"三育人"也体现了"三全育人"的理念。为了强调管理育人，凸显学籍学历管理对管理育人的重要性，同时厘清与其他育人方式的关系，对于"育人"的理解本研究采用"三育人"的概念，即教育育人、管理育人、服务育人。

（二）学籍学历管理育人的内涵剖析

1. 管理育人的概念界定

在高校的"三育人"体系中，管理育人扮演着至关重要的角色，诸多学者对其概念进行了阐释。刘洁认为："管理育人是指学校的管理部门及其人员通过管理者的角色行为，对被管理者、管理者自身以及其他人员在政治素质、思想观念和道德品质等方面施加影响，使之趋向于学校德育目标的过程。"[1]刘根旺认为，管理育人是将育人理念融入、贯穿在高校管理过程中，"以管理手段助推高校思想政治教育，使学生受到潜移默化润物无声的影响，在被管理过程中提高思想道德素质"[2]。帅斌认为，管理育人是"紧紧围绕立德树人这一根本任务，通过管理者的角色行为，对被管理者施以影响或带动感染，使之趋向于学校德育目标"[3]。董世坤认为："管理育人是高校管理人员以及任课教师等在教育教学活动中通过管理行为，对学生在思想境界、政治素质和道德水平方面施加影响，使之趋向于高校办学和育人目标的活动。"[4]

综合前人的看法和新时代管理育人的发展，本研究倾向于将管理育人界定为"学校管理部门及其管理人员在管理过程中，通过管理职能和管理行为对学

---

① 参见刘洁：《高校管理育人的途径探析》，载《思想理论教育导刊》2012 年第 8 期。

② 参见刘根旺：《高校思想政治教育合力研究》，载《辽宁省高等教育学会 2017 年学术年会优秀论文一等奖论文集》。

③ 参见帅斌：《管理育人的价值取向——对新版〈普通高等学校学生管理规定〉的价值解读》，载《思想教育研究》2018 年第 5 期。

④ 参见董世坤：《观念·制度·文化：高校管理育人再思考》，载《江苏高教》2019 年第 7 期。

生在政治素质、思想观念、道德品质、意志品质等方面施加影响或带动感染,使之趋向于高校办学和人才培养目标"。从管理育人的内涵可以看出,其育人途径为施加影响或带动感染,因此具有间接性、渗透性、全方位性等特征。管理育人的内涵也决定了其功能的实现需要学校的一切管理工作紧紧围绕办学和人才培养两个目标,一切管理部门和管理人员紧紧围绕育人开展工作。因此,只有增强管理人员的管理育人意识和能力,使其做到以身作则、为人师表,才能教育学生,影响学生的政治素质、思想观念、道德品质和意志品质。

2. 管理育人理念在高校学籍学历管理工作中的展开

高校学籍学历管理是指根据有关规定对学生的入学资格、在校学习情况及毕业资格进行考核、记录、控制和处理的管理活动。学籍学历管理工作贯穿高校人才培养的全过程,是高校教育教学管理的关键环节,关系学生的学习资格、学习状态及学习结果的认定,同时涉及学生入校后的各项基本数据的管理,不仅与学生利益直接相关,也和学校管理制度的规范紧密相连。学籍学历管理具体可以分为以下7个方面:①入学与注册,即学生取得高校合法学籍的第一步;②考核与成绩记载,对学生的学习成绩进行规范化管理;③转专业与转学,以管理手段保障学生个性化发展;④休学与复学,是对学生学业过程中产生意外情况后继续学习的一种延伸管理;⑤退学警告、试读与退学,对完成学业有困难的学生的警示,合理提供机会或者淘汰;⑥毕业与结业,对学生学业结果的处理;⑦学业证书管理,规范学业证书的制发。以上任何一方面的学籍学历管理工作都与育人理念息息相关。

从《中华人民共和国高等教育法》来看,高等学校的中心任务是培养创新型人才。学籍学历管理的核心目的在于督促管理学生,保证学校的正常教学秩序,提高教学质量。在学校教书育人、管理育人、服务育人的全面育人理念下,学籍学历管理工作者通过学籍学历管理对学生、教师以及其他人员在政治素质、思想观念、道德品质、学业能力等方面施加影响,使之趋向于学校育人目标,达到育人管理服务的有机统一,培养学生的诚信意识、法治意识、规则意识、进取精神、刻苦精神、创新精神,营造良好的校园环境,以高校学籍学历管理工作的开展助力高校创新型人才的培养。

(三) 功能价值

在高等学校教育体系中,学籍学历管理工作对于"育人"目标的实现具有重要价值。具体而言,这一价值主要分为4个层面:政治导向、业务导向、保障功能、监督功能。以下对此逐一阐述。

1. 政治导向

党的十八大报告指出，要坚持教育为社会主义现代化建设服务、为人民服务，把立德树人作为教育的根本任务，全面实施素质教育，培养德智体美全面发展的社会主义建设者和接班人，努力办好人民满意的教育。习近平总书记也指出，培养什么人、怎样培养人、为谁培养人是教育的根本问题。旗帜鲜明讲政治是我们党作为马克思主义政党的根本要求。党领导一切是中国特色社会主义最本质的特征，是中国特色社会主义制度的最大优势。这就决定了我们的教育不能孤立于政治之外，必须把培养社会主义建设者和接班人作为根本任务，培养一代又一代拥护中国共产党领导和我国社会主义制度、立志为中国特色社会主义事业奋斗终身的有用人才。这是教育工作的根本任务，也是教育现代化的方向目标。

为了实现这一目标，高校制定了学籍学历管理制度，对获得高校学籍的学生提出热爱社会主义，拥护党的路线、方针、政策等要求。例如，《××大学本科生学生手册》（2019 版）第一章总则中关于学籍的管理规定明确：学生应当拥护中国共产党领导，努力学习马克思列宁主义、毛泽东思想、中国特色社会主义理论体系，深入学习习近平总书记系列重要讲话精神和治国理政新理念新思想新战略，坚定中国特色社会主义道路自信、理论自信、制度自信、文化自信，树立中国特色社会主义共同理想，等等。这些管理规定对于青年学生沿着社会主义方向健康成长具有十分重要的政治导向作用，确保高校学生可以成长为社会主义建设者和接班人，也展现了学籍学历管理在引导高校人才实现全面发展、健康发展方面的基础地位。

2. 业务导向

业务导向是学籍学历管理工作在人才培养方面的重要内容。学生接受高等教育的目的是学习和发展。学籍学历管理规定对高校各专业在校生的选课、成绩核算、考勤纪律、学籍异动等方面进行了较详尽的规定，组织引导学生学习的过程和教学活动，关乎学生的成长成才。通俗地讲，学籍学历管理明确地解答了学生在校期间学什么、怎么学、需要达到什么标准等问题；规定了对于那些达到规定要求的学生，准予毕业或结业，并授予学位。对于有实际需求并满足条件的学生，可以转专业或转学，从而有效地保护学生的学习积极性，实现因材施教；对于有特殊困难、正在创业或具有其他情况的学生，可以进行休学。其中还包含对学生在校的各种行为进行奖励或者惩罚的管理措施。通过向学生明确上述规定，帮助高校学生实现学习和发展的受教目的。

更进一步，加强学籍学历管理，也可以通过优化管理助推学生学习。通过强化考勤和纪律规定，可以促使学生"比""学""赶""超"、勤奋好学，形成良好的学习习惯，减少考试作弊、厌学等现象，形成校风、学风的良性循环。正如曾有人概括："学籍管理工作的中心任务就是要充分调动学生学习的积极性，对学生进行动机诱导，以激发他们的学习热情、想象力和创造力，实现优良的学风。"①

3. 保障功能

学籍学历管理的保障功能在于，通过科学管理，全面规划教育的内容、方式和方法，严格管理、明确要求，实现教学活动的正常进行、教学大纲的贯彻实施、教育和教学质量的提高，从而为人才培养创造有利条件。对多数学生而言，严格的学籍学历管理，不仅保障其在校的各项权利，也保障其能在规定时间内修完各门课程并达到学业合格的标准，从而达到学生学业发展公平的主要目标，实现教育公平。此外，对学业困难甚至学分较低而收到退学警告的学生，学籍学历管理部门也可通过及时关注其学籍信息，确保各院系辅导员能够及时与学生沟通，并根据学生的具体情况给予其重修或者试读的机会，从而最大限度地确保学生能够完成学业。可见，学籍学历管理的全过程对学校办学方向、教学秩序、教育质量及人才健康成长具有相应的保障功能。②

学籍是学生入学后，从成长到成才的一系列"行为"的有效记录。加强对学籍的管理工作，可以有效地贯彻党和国家的教育方针，不断地提高学校的教学质量，有重点地督促学生完成学校的培养计划，通过制定更加完备的规章制度，更好地完成对人才的培养。因此，学籍学历管理工作作为学校日常管理工作的重要组成部分，在人才培养中的地位和保障作用不容忽视。

4. 监督功能

学籍学历管理制度也规定了考核与成绩记载的相关内容，在高校人才培养的检验监督方面也占有重要地位。它规范了学生在校应当修读的课程和考核办法，规定了考核合格的标准以及不合格时应采取的措施。通过学籍学历管理

---

① 参见黄芝虹：《发挥学籍档案管理在高校育人中的作用》，载《文教资料》2010 年第19 期。

② 同上。

规定中的考试和考核办法,高校不仅可以检验教师的教学效果和质量,而且可以检验学生的学习和掌握程度。更重要的是,学籍信息管理可以帮助教师和学生总结教学和学习过程中的经验和教训,改进教师的教学方法,指导学生优化学习方法。从这个方面来讲,学籍学历管理通过考核和考试对全校的教育教学工作起着"检验器"和"指挥棒"的作用。这种监督功能与评优机制的鼓励功能相互配合,共同推动育人目标的实现。具体而言,一方面,通过评优评奖强化树立先进、发扬典范的作用,使受奖者得到进一步的激励,使其他学生受到鼓舞;另一方面,学籍处理过程自带的警示和导向作用,让受到处罚的学生明白错误的本质,真正从内心接受所受处分,让其他学生从中吸取教训,激发学生的自我教育和自我管理的主观能动性。①

二、学籍学历管理育人的困境

学籍学历管理工作是高等学校常规的、重要的工作之一,是从学生入学到学生毕业离校全过程、全方位的管理和服务,即:新生报到注册—学年学期注册—学籍异动管理—成绩管理—毕业资格审核—颁发毕业证书。学籍学历管理不单单是管理,还具有育人和服务的功能。如何做好学籍学历管理、充分发挥管理育人的功能,并提高服务质量,需要学籍学历管理工作者认真思考,积极应对目前学籍学历管理工作中遇到的挑战,认真剖析实践中存在的问题,才能有的放矢,提出行之有效的解决建议。

（一）学籍学历管理工作面临的整体挑战

学籍学历管理涉及学生在校期间的方方面面,管理好、服务好学生是学籍学历管理工作者应尽的职责。但是实现这一目标显然并非易事,在当前时代背景下,学籍学历管理工作者至少面临着如下工作挑战。

1. 亟待进一步体系化的工作内容

高校学籍学历管理工作是一个复杂且琐碎的工作,工作量巨大,发生在管理人员服务于每个学生的过程中,也是一个针对每个学生的个性化管理与服务过程。在这个过程中,通常遇到的挑战之一就是信息化系统和管理方式跟不上学校改革需求。许多高校的学籍学历管理依旧采用传统方法,无法跟上时代和

---

① 参见郑安波:《高校学籍管理工作要结合德育教育发挥育人功能》,载《科技经济市场》2014 年 12 期。

科技发展的步伐,导致学籍学历管理的效率和质量非常低下,给学籍学历管理的更新和维护都造成了很大的不便与困难。随着学校规模越来越大,学院办学能力越来越强,校院两级管理的模式普遍实行,学籍学历管理工作越来越复杂。管理中存在数据不能及时上报、漏报、错报,以及不同年级学籍异动上报数据和系统数据有差异等问题,影响了学生选课和查阅修读计划。只有适当增加学籍学历管理人员,应用现代化信息技术,实现学籍学历管理电子化、信息化,提高效率,优化服务,才能更好地起到管理育人的作用。所以说,实现学籍学历管理的信息化是重中之重。只有实现了学籍学历管理信息化,才能提高学籍学历管理效率,实现相应的育人和服务功能。例如,学籍学历管理中的学业预警,有的学校是一年一次,有的学校是累积计算,有的学校则每学期都会根据学生的学业情况列出预警学生名单,这样就能及时、及早发现存在学业问题的学生,尽早干预、帮助学生完成学业,不至于累积到一两年后才发现学生的学业有困难,致使其无法毕业等问题。但是,每学期统计学业预警学生必然会成倍增加工作量,没有先进的管理信息系统,很难完成这种高频工作。

2. 数字化的相对滞后性

高校学籍学历管理在发挥管理育人作用时遇到的另一瓶颈就是实时数据的获得较为滞后。目前,大部分高校在学籍档案管理过程中并没有实时记录学生的学习过程数据。如果学生在一学期或一学年后由于学业问题遭到退学预警,往往是由于学生长期沉迷于网络游戏等原因,那么学生应该在平时的学习态度、课程出勤、平时成绩、宿舍管理等诸多方面均有所表现。然而,目前缺乏能及时反映出学生的学习习惯或者学习态度存在明显问题的相关数据,导致过程管理具有延迟性。随着信息技术的发展以及大数据时代的到来,电子签到、人脸识别等技术逐渐成熟,学生出勤状况、平时成绩等可以随时生成,高校学籍学历管理工作者应当懂得借助信息技术及时锁定并帮助有问题的学生,与家长、思政老师、班主任等数据共享,实时联动,达到全过程育人目的。

3. 不断增大的信息安全风险

在大数据时代,学生的基本信息、成绩、排名、奖惩、诚信等数据都在学籍学历管理系统中记载。如何确保这些学生个人信息的安全,同时确保这些个人信息能够合理、合法地利用,避免数据被滥用,是每个学校都应该思考的问题,也是全社会都密切关注的法律底线问题。大数据是把"双刃剑",在人们因大数据获益的同时,对个人隐私保护的要求也不断提高。

学籍学历管理涉及学生从入学到毕业的所有个人信息，以及与学籍异动、成绩、学位、奖惩、诚信等有关的各项基本个人数据。管理育人需要基于上述各项基本数据进行统计分析，实现全方位育人的目的。在当今信息社会，个人信息泄露导致纠纷的事件层出不穷，分析学生的姓名、性别、身份证号以及学生的日常表现、购物习惯、在校奖惩、毕业等相关信息不法获益的事件也时有发生。

高校的根本任务是教书育人、立德树人。在处理学生隐私信息时应当遵循保护学生利益、教育为本的原则，合法、合规、合理地行使管理权限，尽可能避免权力滥用而导致学生的合法权益受到侵害。高校应当遵循合理范围和必要性原则收集个人信息，同时应确保合法使用学生个人信息，加强网络和数据库安全管理，确保学生信息安全；并且应教育学生加强自我管理，提高自我保护意识，充分发挥学生自我管理的积极作用，保障自我权益。这也是管理育人的重要范畴。

4. 交叉管理规则不够明晰

学生手册是按照具体业务内容对相关工作办法的汇编，不同工作办法所规定的业务内容不尽相同，却又往往在实际管理中具有一定程度的交叉性，交叉部分的规则常常叙述简略，甚至没有表述。以《××大学公派本科生出国（境）学习交流办法》为例。该文件第十六条规定："交流生在海外期间的选课学分需与合作高校本科全日制学生所修学分相近，所选课程应与本校本专业培养方案相近，必须提前提交学习计划并获得学院（系）认可。"第十七条规定："交流生在海外交流期间，每学期可申请免听不超过 6 个学分的必修课，但必须如期参加课程考试，以考试成绩作为该门课程考核成绩。"

以上两条规定均涉及选课管理，但从条文来看，至少存在着如下问题有待进一步明晰：①交流生在海外交流期间，在成功申请免听课程后，是否可以选修本校课程？②交流生选本校课程，如果未在规定时间内退课，是否可以在规定时间之外退课？③交流学生因交流学校和本校课程设置差异，无法修读某门或部分对应本校培养计划的课程，返校后因该门或该部分未修读课程调整而影响其自主转专业、免试直升研究生等申请，学籍学历管理部门应如何处理？总而言之，对于交叉管理规则的释明，是学籍学历管理育人工作的重点和难点。

5. 管理队伍的整体素质亟待提升

目前，许多高校都拥有众多学院、专业、学生乃至诸多留学生，对管理主体的能力要求甚高，若其业务不熟、学习不够、政策把握不准等，工作就可能出现偏差。实践中，一方面，不少学校的管理工作人员数量有限，学籍学历管理队伍不健全，难以全面应对繁杂的学籍学历管理事务；另一方面，工作人员流动性大，年轻化的队伍工作经验也相对不足。管理主体经验不足的问题，已经成为学籍学历管理现代化发展的一个重要阻碍。例如，惩戒是高校学籍学历管理工作的重要组成部分，但当前高校普遍未设置专门的惩戒委员会，相关工作人员也缺乏规范理解高校惩戒权的能力[①]，从而导致高校学籍惩戒的公正性、专业性受到广泛质疑。

此外，随着现代信息技术的发展，学籍学历管理的信息化程度日益提高，管理主体的能力和素养也应当随之提高。但当前学籍学历管理人员的素质及工作态度存在差异，队伍不稳定，人员流动频繁，工作交接断档，且绝大多数管理人员不具备教育学等相关专业背景，大多是在从事工作以后通过自学或工作实践探索积累一些经验，缺少科学、系统、专业的培训，导致部分学籍学历管理人员的教育思想观念还不能适应现代教育快速发展的要求，其业务水平和素质有待进一步提高。[②]

（二）现行学籍学历管理水平与育人目标的背离

上文主要是从客观层面阐述高校学籍学历管理者在处理相关工作中需要面临的现实挑战，下文则重点从主观层面着手，探讨在当前的学籍学历管理实践中存在的一系列突出问题。

1. 管理人员的人才培养意识不足

大部分学籍学历管理人员很容易滑入法律形式主义的工作惯性，即将学籍学历管理视为一种流程性的操作事项，而忽视了学籍学历管理中的人才培养意义；只关心学籍学历管理中的"技术合规"，而忽略了现实中存在"技术性合规而不合道德"的现象，忽略了依法管理与以德立人的结合。

学籍学历管理者存在将工作重心主要放在工作规范、服务和管理上，而对学生的教育和培养的意识淡薄的问题。对如何将学生人格的培养以及世界观、人生观、价值观的培养融入日常学籍学历管理中思考过少。在工作中遇到"任

① 参见晋涛、张玉涛：《高校惩戒权解释规则研究》，载《复旦教育论坛》2020 年第 1 期。

② 参见孔晓娇、李桂范、高思炜：《现代远程教育学籍管理的常见问题及解决办法》，载《现代教育技术》2018 年第 S1 期。

性"的学生,不敢大胆批评教育,不能对其摆事实、讲道理,修正其错误,更多的是包容甚至是迁就。如此一来,既不利于学生专业素质和道德素养的培育,也不利于学籍学历管理业务的有序进行。

例如,某学生办理缓考后,对学校发布的重修、免修考试时间安排不关心,对老师发送的考试安排通知置之不理,导致缺考,却不肯承担后果,反而把这件事的责任全部推卸给管理老师。依据是老师曾说过"大概开学两周内考试",因而要求取消旷考成绩。再如,某学生一个学期过了一半才要求退课。理由是老师对学生的听课态度不满意,提出改变考试方式并加大考试难度。对管理主体而言,在日常的学籍学历管理工作中如果能有的放矢,潜移默化地引导、教育学生自觉、自律、自信、自强,培养学生的规则意识、责任意识、担当意识,便可降低此类事件的发生频率。

2. 部门之间缺乏配合

高校学生培养不局限于教学管理,而是涉及高校管理各领域、各方面、各环节。实践中各部门管理者职责不同,工作性质不同,相互间业务不熟悉且缺乏配合,遇到事情就事论事,单兵作战,无法形成合力。以高校思政教师和学籍学历管理者面对"学业困难学生"(一般指学校已经预警或正在试读的学生)为例,学籍学历管理者重视管理和服务,对学生只是提醒成绩;思政教师重视思想工作和心理疏导,对学生学业上的事思考较少。两者"各司其职",缺少沟通和配合,难以真正解决学生的问题。

再如,对于即将毕业的学生有课程尚未修读,导致无法毕业甚至肄业的情况,若思政教师和学籍学历管理者能够协同配合,不仅在思想上、心理上对学生排解疏导,还对学生修业计划、选课等进行规划和指导,培养学生自觉、自律、自强的精神,帮助学生重拾信心,届时可使更多的学生走出低谷,顺利完成学业。

高校学籍学历管理工作涉及多部门的联动,可以利用现代化信息技术规范教务学籍档案管理,同时依靠先进的信息技术实现过程数据管理与联动,以提高服务质量来育人,以温情的方式让学生认识到规章制度的重要性,从而合理、合法地开展学籍、学历的管理和育人。

3. 重情轻"规"色彩浓厚

同情心与学籍学历管理规定以及法律规定应该是两条平行线。学籍学历管理者是学籍学历管理规定的维护者、执行者,应该有法律意识、责任意识,更应秉持公平、公正的原则,并把这种的思想和行为融入学生的教育理念中,教育学生应当明白什么可为、什么不能为，从而为自己的行为承担责任。同情心是人之常情，但作为学籍学历管理者要把握好包容和同情的尺度，在同情和规定之间达成平衡。

例如，某学生以低于××大学在当地高考录取线20分的国防生身份被录取。入学报到注册后，该生即向其管辖的部门提出退出国防生。此事发生在教育部规定的入学3个月复查期内，且未报教务处备案，按当时《××大学本科生管理实施细则》的相关条款规定和《国防生教育管理规定》应予退学。该生在校4年内里一直未修读国防生规定的两门必修课"国防形势与思想政治教育"和"军事体能"，毕业前相关学院以"结业"上报，但按照学籍学历管理相关条款应予以"肄业"。直到毕业离校前被发现。该案例中家长和学生心存侥幸，学籍学历管理者规则意识淡薄，同情有余，严厉不足，最终导致学生肄业离校。

4. 包办代育现象普遍

目前学籍学历管理中存在以包代管、以包代育现象。管理主体事事包办代替，导致学生依赖性严重。例如，某高校一名学生被批准从某专业退出后，选课系统已经关闭，学生必须提交选课需求，由相关老师负责协调选课。学生明知要提选课需求，却以找不到老师为由未提交申请，导致该学期没选课、没上课。又如，休学到期后应该申请复学，在办理复学手续后，方可恢复学籍的常识实践中诸多学生却不知道。

以上种种现象反映，一些学生在遇到难以解决的困难，内心承受压力与痛苦时，其行为往往会自动"退行"至儿童模式。[①] 若此时高校管理者采用以包代办的方式处理问题，将会剥夺学生接受社会规则教育的机会，强化他们的依赖心理和惰性，继而造成一系列不良后果。总之，对于学生的培养教育，学籍学历管理者要学会"瞩目远送"，而不应"搀扶偕行"。

三、经验探索：理念、机制与规范

（一）理念塑造

上海市教育委员会开展的一项调研显示，当前高校学籍学历管理中的一个突出问题是，高校学籍学历管理育人功能未充分发挥，主要表现为在实际中，高

---

① 参见陈萍、郑罡、杨江帆：《大学生巨婴化现象及其成因分析》，载《教育评论》2018年第4期。

校学籍学历管理局限于对学生学籍状态及信息变动的操作,一些高校专注于记录、签章、发证等基础工作,忽视了在工作过程中去主动引导、规范大学生的思想行为。学籍学历管理工作未充分与人才培养相结合,管理育人作用较弱。

显然,学籍学历管理和学籍学历管理育人是两个不同的范畴。从学籍学历管理这个范畴来说,核心在学籍学历信息,落脚点在管理。从学籍学历管理育人这个范畴来说,核心虽仍在学籍学历信息管理,但落脚点却是在通过学籍学历信息的科学高效管理进行有针对性的育人活动。调研还发现,高校学籍学历管理往往流于事务性工作,浪费了该平台的育人用途。因此,高校学籍学历管理不能仅仅局限于对于学生学籍学历信息的管理,而应当认识到正常的学籍学历信息的管理和育人工作都是高校教育教学工作的重要组成部分,两者相互依存、不可偏废,并且需要做到两手抓,且两手都要硬。

在新的形势下,高校对管理者也提出了新的挑战,如何将学籍学历管理与立德树人有机结合起来,把育人融入学籍学历管理的全过程将是管理者需要重点思考的。“打铁必须自身硬”,学籍学历管理者不但要有过硬的业务能力,在学籍学历管理过程中遵循合法、合理、合规、公平、公正的原则,还要转变管理理念,将“三大意识”“两大精神”深度内化于学籍学历管理工作之中,从而有效实现“学籍学历管理”和“育人理念”的有机融合。以下便结合上海各高校的经验做法,对此予以阐释。

1. 诚信意识

诚信意识作为一种共识性理念,在高校学籍学历管理工作的推进过程中,“既要靠道德力量的自律,也要依靠诚信制度的他律”[1]。以××大学为例,该校于 2012 年起实施的《××大学学生学业诚信守则》覆盖了各个学业环节。这是我国国内高校推出的第一部学业诚信守则。每年全体新生通过签署诚信承诺书,提高了诚信意识,增强了守诚信的自尊感和荣誉感。

此外,××大学则通过启用人脸识别报到系统,大大遏制了不诚信现象的发生。该校各部门认真部署和指导新生报到入学环节的相关身份核查工作,在新生入学报到的身份查验环节首次全面使用人脸识别验证系统,运用技术手段严防冒名顶替等违规行为。学生到校后须携带本人身份证原件至指定地点进行

---

① 参见赵贵臣、肖晗:《诚信教育融入高校资助育人体系的路径》,载《思想教育研究》2021 年第 1 期。

刷脸核实,做到学生本人、身份证件、系统数据"三无误",把好新生入学报到的诚信第一关。不仅如此,××大学还利用学籍档案整理和学籍数据分析工作不定期核查冒名顶替现象。截至 2020 年年末,××大学完成上海市教委专项工作组下发核查任务 6 批次,涉及核查学历信息 1000 多条,补报学历照片 300 多张,提交一生一档材料 25 人次。核查结果未发现冒名顶替现象。

2. 规则意识

各高校应当根据《中华人民共和国教育法》《中华人民共和国高等教育法》《普通高等学校学生管理规定》①等有关法律、法规,结合学校的实际情况制定学籍学历相关规定,积极推进依法治校、民主管理和科学决策。例如,××大学是教育部和上海市第一批授予的依法治校示范校,每年新生入校都会更新《××大学学生手册》,学校管理部门和学生都严格依照规定开展相关工作,让学生将规则意识成为一种思维观念和行动观念。

××大学在学籍学历管理工作中,依托学校的法务部门开展相关工作。这不仅大大降低了违规操作的风险,同时也为对学生进行法治教育、规则意识教育提供了很好的工作平台。实际操作中,在新文件的制定、退学工作、新生报到注册等诸多环节,××大学法务部门的介入和法务老师的参与,都为学籍学历管理工作和学校教育教学提供了强有力的法律保障,提高了学籍学历管理工作的规范性和育人工作的实效性。

再如,××学院的做法也值得推广。以下是该校在学籍学历管理过程中实施的有关规范流程,不仅起到了很好的管理作用,更为重要的是为学生树立规则意识发挥重要的积极效应。①学生本人提出诉求,提交材料,填写申请表格。②家长知晓学生的情况并同意,须陪同学生本人来学校办理,并在申请表上签字确认。如有家长因特殊原因无法到场,可远程在线进行确认。2020 年由于新冠疫情这一特殊情况,该学院就是采用线上确认的方式,顺利完成了学生的诉求。③辅导员对该生情况进行全面了解,帮助其准备相应材料并上报二级学院。④二级学院的相关负责人与学生谈话并提交审核意见。⑤教务处收齐相关材料后,要求辅导员陪同办理相关手续,将材料审核后告知学生反馈结论。⑥学生办完所有程序后,在离校前,教务处给到该生一份告知书,明确了学生离

---

① 本书中提到的《普通高等学校学生管理规定》,如无特别说明,均指 2017 年 9 月 1 日起实施的《普通高等学校学生管理规定》(教育部令第 41 号)。

校的原因、时间以及返校的时间等反馈意见，以确保学生知道自己的学籍情况。⑦学生离校期间，从辅导员到教务处都对学生进行跟踪和管理。

3. 底线意识

底线为人们所能接受、容忍的事物的最低限度、最坏情况。底线意识是一种科学的思维理念①，是高校学籍学历管理工作中应当秉持的重要价值导向。

例如，××大学严格执行学业预警机制，对挂科数目较多、学分数修读不足的学生适时予以警告，用学业警示来约束学生的行为，促进良好学风的形成，通过严把"出口关"来促进人才培养质量的提高。对思想出现怠惰、成绩出现问题的学生及时关注、提前预防，不能等他们掉队太远来不及弥补才予以鞭策，必要时需要做出降级、退学等处理决定来严肃学风、规范管理。不仅如此，××大学对于研究生的学籍学历管理工作还开展了学业预警机制及超期清理工作。对于即将超过学习年限的博士研究生实行"事前、事中预防型"管理，而不是"事后处理型"管理。不断规范、完善学籍清退流程，加强过程控制，及早提醒已超期研究生主动办理退学手续。通过开展超过最长学习年限研究生清退工作，针对不同层次、不同类别的研究生进行统计和逐个核实后，将超过最长学习年限研究生清退学籍工作流程等文件下发学院，根据《××大学研究生学籍管理规定》清退已经超期研究生。××大学的研究生清退工作流程具体如下：通知研究生在规定时间内主动办理退学手续；对逾期未自行办理退学的研究生，向其发放拟退学通知书，通过"送达本人—留置送达—邮寄送达—公告送达"的程序送达研究生，听取研究生的陈述和申辩，并由导师签署研究生拟清退学籍导师告知书；研究生院审核学院反馈名单及材料后提交学校法务部门对清退流程进行合法性审查，经校长办公会议通过后，发布校内文件，出具退学决定书，在学信网做退学处理。

××大学则通过严格落实分流退出机制对学生开展底线意识教育。该校研究生两级管理模式改革后，研究生院在相关工作中给予学生所在院系充分指导，并制定了相应的工作办法及流程；并在该项工作启动前期，加强与院系的沟通，给相关院系送达《关于超过最长修业年限学生的处理工作的通知》，指导院系在办理超期退学的工作中，明确该项工作关系相关学生的切身利益，要及时

---

① 参见周楠：《新时代高校辅导员坚持政治底线意识论析》，载《学校党建与思想教育》2021年第4期。

同相关学生的导师配合，做好对学生的沟通安抚工作，对不适合继续攻读学位的研究生，及时发现后要及早按照培养要求进行筛选分流，严格规范研究生学籍年限管理的具体工作。

4. 创新精神

为了激发学生的创新精神，学校可以鼓励学生积极参与创新创业项目。具体的激励方式包含：①对参与创新创业项目的学生进行学分奖励；②因创业休学时间不计入最长学习年限；③建立参加境外交流的学生的学分转换或豁免制度。

××大学开发了注册报到应用小程序，可以作为培养学生创新精神和实操能力的很好例证。该移动端"注册/报到小程序"可以生成待注册/待报到名单（该名单须根据学生的学籍异动情况随时更新），根据GPS定位学生所在地点，分类进行注册信息登记（GPS定位为校内的学生可直接注册，定位为校外或境外的学生需院系审核后方可注册），并分类标记学生"返校/未返校"情况。此外，学生的请假、销假管理亦在小程序中进行，既方便学生完成注册流程，也为学校统筹安排教学计划打下数据基础。

此外，召开相关工作的学术研讨会也是实现学生创新能力和创新精神培养的重要手段。××大学举办的"上海市高校研究生学籍管理工作协作组成立暨新时代研究生教育背景下的学籍管理研讨会"可以作为典型案例示范。2020年10月，××大学作为协作组组长单位先后主办上海市高校研究生学籍管理工作协作组成立暨新时代研究生教育背景下的学籍管理研讨会和上海市高校学生管理工作协作组（研究生学籍）第二次会议，研讨研究生学籍学历规范化管理体系建设相关事宜，为创新学籍学历管理工作和育人工作提供了较高层次的交流学习平台。

5. 人文精神

高校学生不应当仅接受专业知识的培养，还应当注重人文精神的培养。除学生自我学习外，高校也应当进行这方面的教育。学籍学历管理也不应与人文精神培养相割裂，反而应当将其进行融合并加以提升。在各高校的工作实践中，诸多高校的做法可圈可点，以下以部分高校做法作为案例说明。

××大学则积极探索新路子，不断优化学籍学历管理工作服务流程。该校利用信息化、现代化的手段，建立以学生为本的"一站式"服务平台，为学生提供方便快捷的服务。学校提供了在读证明、成绩单、绩点排名证明、均分证明等证明文件的自助打印,以满足学生升学、出国、就业等多样性、个性化的需求,更好地服务学生。再如,××大学建设的学生一站式服务大厅、××大学的学业告知单等做法都是在学籍学历管理工作中渗透学生人文精神培养的优秀做法。

（二）机制构建

学籍学历管理涉及学生诸多切身利益。早期的学籍学历管理重点在于管理,保障学生顺利毕业一直是传统学籍学历管理部门的重点工作。但随着社会化进程的不断加快,高校的管理部门角色定位已从育人管理转变为管理育人。因此,学校的管理部门也应当适时调整高校的定位,从育人管理转变为管理育人。教育是百年大计。在当前的时代背景下,有必要以育人的理念引领高校的学籍学历管理机构,构建一套以学生为中心、以育人为目标的学籍学历管理体系。

1. 全面深化学籍学历管理体制改革

随着教育现代化的发展,高校的服务对象——学生,也对学籍学历管理工作提出了更高的要求。在学籍学历管理育人机制的体系化构建中,应当至少囊括以下4个方面的要素:自主管理意识的深层次渗透,学籍学历管理育人的全过程贯通,学籍学历管理工作的多部门协同,学籍学历管理工作的全方位考核。

（1）自主管理意识的深层次渗透

在传统的高校管理工作中,开学注册、成绩管理、毕业审核等一系列工作往往由管理人员即教务秘书启动并审核。学生对于教务秘书有一定程度的依赖心理,时常难以建立独立自主的理念和意识。在此情况下,如果学生后期产生了一些疏忽大意的漏缺,例如,修读某课及格之后,又重新选课但未修读,从而导致最终挂科,那么学生最后往往会归责于学院或教务秘书,管理部门甚至不能苛责学生,继而给学籍学历管理工作带来难以预期的压力。

学籍学历管理工作不应仅限于管理学生的学籍信息,更应该建立以学籍制度为抓手、以自我管理为目标的现代化学籍学历管理机制,使学生由传统的被动接受变为现代的自主管理,从而培养独立自主的大学生精神。以××大学为例,根据该校《本科生管理规定》第二十六条的规定,"转专业均由学生本人向所在院（系）提出书面申请",只要符合《××大学本科生自主转专业实施办法》的相关规定,自主转专业的程序由学生本人启动,由学生自主选择专业和课程认定。再如,根据××大学《"第二学科""辅修专业"管理办法》第二章"报名方式及录取方式"中规定:由学生通过教学服务网报名,学生可以在第二学科和辅修专业中选一,在规定时间内可在第二学科或辅修专业中填报两个志愿。在这种由学生自主选择的学籍管理模式下,学生会根据自己实际情况做出适合自己的选择,从而对自己负责,进而达到自我管理的目的。

（2）学籍学历管理育人的全过程贯通

高校的学籍学历管理工作涉及方方面面,管理育人的理念也应当贯穿学生培养的全过程。《普通高等学校学生管理规定》第三章"学籍管理"中包括七节内容,分别为"入学与注册""考核与成绩记载""转专业与转学""休学与复学""退学""毕业与结业""学业证书管理"。从中可以看出,高校的学籍学历管理和服务基本贯穿学生校园生涯的始终。但此种规范抽象性较强,各校有必要立足于本校的具体情况,制定既符合育人理念又比较细致可行的全流程操作指南。

例如,《××大学本科生管理规定》第十三条规定:"每学期开学时,学生应当按照学校规定办理注册手续……无故逾期两周未注册且未履行暂缓注册手续的,经催告仍不办理的,给予退学处理。"这一方面规定了注册是学生的义务,每个学期都要在规定时间内办理;另一方面也明确了学生违反规定需要承担的相应后果。履行义务和惩罚性措施相辅相成,能够使学生加强对自己学籍的管理重视,从而进一步提高其独立性和自主性。

此外,上述文件第四十一条规定:"学校对于学期平均绩点（GPA）低于或等于1.7的学生,予以退学警告。"第四十二条规定:"在校期间,学期平均绩点（GPA）第二次低于或等于1.7,且至少获得该学期总学分50%的,可退学警告。"第四十三条规定:"学生有下列情形之一的,应予退学:（一）在试读期间或解除试读后再次出现学期平均绩点（GPA）低于或等于1.7的。"以上几条规定围绕学生平均绩点的下限门槛,分别规定了不同条件下可能导致的不同后果,即退学警告、申请试读以及退学,层层递进、逻辑清晰,能够为学生提供清晰的规范指引及明确的后果预期。

总而言之,学籍学历管理工作应当贯穿于学生校园学习生涯的全过程,记录学生的学习成果及缺漏,预判未来修业方向,体现学生短期和长期的学习效果。其呈现的记录内容不仅是冷冰冰的数字和符号,更是大学生逐渐尝试独立学习、独立生活的成长路径。只有全过程前后贯通、环环相扣,学籍信息才能体现出其正确性、真实性以及说服力。

（3）学籍学历管理工作的多部门协同

在大多数高校,学生处、教务处以及留学生管理机构分别隶属不同的管理条线，职责不同，工作鲜有交叉，部门之间鲜有互动。但随着高校规模的不断扩大、学生事务的逐渐细分，高校内部管理部门之间的关联性也日益增强。例如，曾出国交流的学生的成绩单应当体现其交流经历。相关交流信息的主管部门为留学生管理部门，但成绩单的直接主管部门为教务部门，面对成绩单信息不完整的情形，需要逐个部门查询才能找到症结。这一过程可能会影响学生升学和求职。显然，学籍学历管理作为伴随学生整个大学生涯的问题，越来越有赖于多个部门之间的协同合作。

随着高校治理体系的变革，部分高校不断推进和深化"院为实体"的改革，尝试构建起一套新型的院校两级管理体制。[①] 以××大学为例，从学生的入校到毕业，学籍学历的管理工作由校、院两级教务管理部门发起并审核。凡是涉及专业变更、是否在校以及学业诚信等问题都还须由辅导员和院级学生工作负责人会同审批，对学生的学业进行全程监督和帮助。以高校思政教师和学籍管理者面对学业困难学生的情形为例。当学生出现学业问题时，学籍学历管理部门会及时关注到其学籍信息，加强对这部分学生的重视。在予以"学业预警"的同时，将学生的相关信息汇总给院系，帮助辅导员及时与学生沟通，避免"退学"等更加严重的后果。无论是学籍学历管理部门，还是学生所在学院的辅导员、教学管理人员，在日常的工作中都应协同配合，及时分享相关信息，在思想上、心理上对学生排解疏导的同时，也对学生的修业计划、选课等予以规划和指导，保证学生的健康成长。

另外，学籍信息的部门协调同样至关重要。根据《××大学公派本科生出国（境）学习交流办法》第一章第三条的规定："学生必须在国际合作与交流处、学院（系）的指导下办理对外交流事务。"据此，凡公派出国的学生事务，包括出国一系列手续的办理，成绩认定和转换等都需要国际交流处、院系教务办的通力合作。换言之，学籍信息是记录学生在校生活的载体。在学校教务处等部门制定教学规则之后，只有其他部门通力协助完成学校的教学安排，解决学生面临的实际问题，才能更好地达到教书育人的目的。

（4）学籍学历管理工作的全方位考核

在高校行政管理体系中，学籍学历管理工作往往并不属于亮点工作，在现

---

① 参见顾晟:《校院两级管理体制改革的探索与实践——以上海交通大学"院为实体"改革为例》,载《学园》2018 第 18 期。

实情况下通常服务于党建、招生、国际化等高校重点工作。在此背景下，如何构建学籍学历管理考核体系在每个高校中都是一个难题。在一流高校的建设过程中，教学成果、科研成果往往是重要的考量指标。每年年底，各个学院都会对教师们的教学科研进行量化考核，以激发对教学和科研的热情。然而在年复一年纷杂的学籍学历管理工作中，却很少有一所高校提出行之有效的考核方案。这一方面源于往年对学籍学历工作的轻视，另一方面也是因为学籍工作的考核杂乱无章难以量化。本研究认为，全方位学籍工作考核体系的构建是一流高校建设中不可或缺的一部分。只有通过一套高标准、严要求、自上而下的考核体系，规范工作环节，把握时间节点，并且把激励和惩罚措施也纳入其中，才能焕发学籍学历管理工作的活力。

目前，中国高等教育学生信息网（以下简称学信网）覆盖了注册、专业审核、成绩勘误、毕业审核等信息。每一项信息都需要各高校在较短的时间内上报完毕，便于数据的及时更新和查询。本研究认为，教育部高校学生司和教育部学生服务与素质发展中心可以作为一级考核单位，当学籍信息收集时，以数据报送质量和时间作为学籍考核的标准；第二级考核部门是省级教育行政部门学籍学历管理相关处室，可以在本省（市）范围内考核各高校的学籍信息的准确性和实效性，督促、检查高校学籍基本工作的成果；各高校的教务处可以作为第三个级别的考核单位，也是院系学籍信息审查工作的上级部门，对各院系的学籍工作的上报可以进行督促和审核，并在对各院系综合工作的评价中占有一定比例。

2. 完善学籍学历管理预防处理机制

高校学籍学历管理机制的完善不仅有赖于从部门协同、全面考核等多个方面寻求"横向"的系统性覆盖，同时也需要从"纵向"的视角切入，以解决问题为导向，构建起一套事前预防与事后处理相结合的管理机制。

（1）完善事前预防机制

高校管理育人应当遵循"惩戒是手段，教育是目的"的原则。当学生出现偏差行为，高校管理者适时干预和教育尤为重要，但高校更应注重防患式的学生管理方式，即预知性管理，在管理工作中提前介入，通过对学生各项学习数据、生活数据等进行统计分析，提出防范措施。

高校应当采取的具体手段至少包括信息披露、警示以及缺省规则（即特定主体不作为时的失责处理规则）。以信息披露为例，应告知个体不要从事那些可能会给他们带来明显危害的行为。同样，在高校学籍学历管理的过程中，应该明晰易懂地向学生宣传学籍学历管理的相关规定。例如，在新生入学期间，组织形式各异的新生过渡教育，帮助新生熟悉大学环境、各类规定、新的学习方式等，通过支持性地给予提示信息引导学生做出有利于自己的决策。

另外，高校还应当通过多种方式因势利导，将个体的注意力转移到动机上面。例如，在夏季推行节能计划，传统的做法是"提高电价"或"限定空调的最低温度"，但个别高校采取的"助推"方案则另辟蹊径，将成本突出化，即在空调仪表盘上显示"每小时将室温下降若干度电而多产生的耗电量"①。这种做法之所以起到"助推"的效果，是因为它在很大程度上激发或利用了人们的损失规避心理。在高校管理过程中，学生不良行为的发生存在一个过程。在早期阶段，当学生刚刚出现一些不良行为的苗头，被高校学籍学历管理人员发现后，应尽早干预并给予行为反馈，告知其严重后果，学生出于"损失规避心理"，往往会停止继续该行为，避免造成严重后果。

（2）完善事后处理机制

在一般情况下，针对违反学籍、学历管理规定的学生，学校根据相关规定作出明确的处理决定即可。但在实践中，往往会存在不少特殊的复杂案例。这类案例可能本身情况比较复杂，或者是学籍学历管理过程中出现的新情况和新问题，因此往往缺乏可以直接参照的管理规定。之所以会出现这种"无法可依"的现象，一方面是因为管理规定本身在完备性和逻辑性上的缺陷，另一方面则有些类似于法学领域法律形式主义和法律现实主义之争。"法律形式主义实际上是任何法律人内心所追逐的理想愿景，因为法律的确定性、客观性是实现'规则之治'的理想前提，但是，事实的复杂性、社会的变动性打破了法律人的这一梦想，事实上，不确定性更符合法律的本质。"②

特殊案例的处理，通常由高校各类别的委员会讨论决定处理的方案。其基本原则应当是以案例的基本事实为中心，遵循国家高校学籍学历管理的规定，同时也需要充分考虑育人工作准则。如果案例的处理决定以事实为中心，遵守

①　参见孙志建：《迈向助推型政府监管：机理、争论及启示》，载《甘肃行政学院学报》2018 第 4 期。

②　参见王彬：《法律现实主义视野下的司法决策——以美国法学为中心的考察》，载《法学论坛》2018 年第 5 期。

学籍学历管理规定，遵循学校相关程序，且考虑学校育人工作准则，或许对一定历史时期内的学籍学历管理工作具有一定的启示和借鉴意义。

就学籍惩戒案例的申诉处理机制而言，高校比司法机关更了解本校的实际状况及教育领域管理事务的运行规律。这从逻辑上决定了规范的校内申诉程序在案件受理的广阔性、案件处理的步骤性以及处理问题的时效性与科学性上具备实践优势。本研究赞同相关学者提出的建议，即一方面，高校应当成立专门的常设性质的申诉处理委员会，明确其成员构成及运行机制，确保教育惩戒申诉的受理工作具备坚实的领导力量；同时，申诉处理委员会应下设临时性的调查小组负责应对具体个案的调查工作。另一方面，校内申诉机制应包括如下流程：①提出申诉请求；②决定是否受理申诉；③展开调查工作；④作出调查结论；⑤建立申诉追责机制。① 只有构建起一套专业且系统的事后处理机制，才能有效应对在学籍学历管理工作中可能出现的各类新问题。

3. 推进学籍学历管理的信息化建设

电子信息技术的发展日新月异，在高校的日常管理中，教务信息管理系统的运用愈加完善和强大，使用角色从学生、教师到院系管理员、校管理员等人员众多，同一个 ID 也可设置不同的角色，便于各级事项的审核。在此背景下，有必要进一步深入推进信息化建设，为学籍学历管理工作的有效运行提供坚实的技术保障。

（1）完善事项统一处理流程

在许多高校中，学籍学历管理系统中入学注册、成绩考核、转专业、学生推荐免试报名、毕业审核等都渐渐能够实现在线启动和审核，代替了各种纸质申请和线下审批流程。如此一来，不仅能加快各类事项的办结，信息化系统还可以自动记录办结的时间、操作员和其他所需要记录的信息，省去了以往留存纸质档案的烦琐过程。

以学生办理离校系统为例。学生修完所有课程，毕业审核合格，可以开始办理离校。传统方式是每个学生领取一张离校单，各部门审核盖章完毕，最后再送到学院教务办。××大学根据实际需求建设了离校系统。学生登录自己的统一账号，就可以看到自己需要去哪些管理部门办理，有哪些已经审核完毕，从

---

① 参见刘旭东、张玉涛：《我国高校教育惩戒制度的运行现状及其完善路径》，载《思想理论教育》2019 年第 8 期。

而避免了学生的跑腿，也避免管理部门的拥挤状态。这种做法值得借鉴，学籍学历管理工作本就烦琐、复杂，强大的信息化手段可以保障学籍学历管理工作的高效开展。

（2）保障学籍学历数据信息安全

随着网络信息技术飞速发展，高校利用技术手段收集和整理学籍学历信息变得愈加轻松，但学籍学历数据的安全性也是信息化建设必须考虑的内容。虽然学信网会将学生的学籍信息、学历学位信息提供给本人或者用人单位查询，但是更进一步的信息，如某位四年制全日制本科学生的学习年限为何是4年或者5年、转专业的具体原因、学生在校是否受过相应的处分等，是不是应该公布给用人单位和其他组织查询，高校也应该设置一定的限制和条件。另一方面，高校利用大数据进行样本分析是否侵犯学生的隐私权也值得思考。

2019年的一则新闻"高校用大数据偷偷给困难生打钱：这样学生没负担"①在网上引起热议。××大学运用学校的大数据分析学生2018年在学校刷饭卡的记录，给每月在食堂吃饭60次以上、每天吃饭花销低于平均值8元钱的学生发放助学金。人们在感受到温暖的同时，不由得深思：大数据分析的边界该如何界定？在广泛使用大数据背景下，学生的任何信息都无所遁形，学校管理部门不经过学生授权就获取与学籍无关的其他信息，是否侵犯了学生的个人隐私？其他高校如果效仿，是否也是信息化手段的过度使用？建立信息边界是值得学校思考和规范的问题。

（3）构建大数据库信息平台

高校可以通过建立和完善学籍学历信息的大数据库，提升学籍学历管理的信息化和现代化水平，让学生、教师以及学校其他管理人员能够精确、全面地掌握相关的学籍信息；并以此为契机，打破部门壁垒，将学籍学历相关的信息全部纳入一个统一的信息平台当中进行管理，可以减少由于部门之间的扯皮推诿导致的管理低效的问题；还可以缩减学校的行政规模，将更多的空间留给学生自治组织及学术团体，从而将法律家长主义的程度弱化，在限制一部分学生自由选择权利的同时，不对学术自由以及学生自治产生负面的影响，同时也可以破

---

① 参见《高校用大数据偷偷给困难生打钱：这样学生没负担》，载新浪网2019年9月21日，http://news.sina.com.cn/s/2019-09-22/doc-iicezzrq7464176.shtml。

解学籍学历信息不对称带来的困境。

当前学生管理工作繁杂的很大一个原因是学生和教师以及管理人员之间的信息不对称,致使学生无法精确掌握自己的学习状态信息;而且由于学生和教师之间的等级关系,学生本人往往不习惯于向教师讲述自己的真实学习情况。因此,精准高效的学籍学历管理工作就显得非常关键:一方面,它让学生能够更加明确地知晓自己当前学习生活的状态,并以此为依据逐步调整自身的学习生活节奏,让每一个学生真正做到对自己的未来发展负责;另一方面,教师也可以通过相关的平台了解学生的学习信息,并以此为依据制定合适的教育方法,为学生的发展提供有针对性的建议,从而实现师生间的良性互动,搭建师生之间的信任网络,为建设世界一流大学打下坚实的基础。

(三)规范引导

高校的学籍学历管理工作是现代社会发展过程中对于一流高校管理技能和水平的要求和展现。其必须始终贯彻规范性原则。首先,由于学籍学历管理工作事关学生核心利益,因此必须保证相关措施通过相关学籍学历管理规范的制定和细化,让学籍学历管理过程"有据可依",减少由于对于政策理解的偏差而导致的学籍学历管理过程当中出现的误会和矛盾。

其次,也需要在学生当中建立起对于学校法理性权威的认同,使其更好地遵守学校的相关规章制度,减少因学校严格管理而产生的负面情绪和对抗心理。为此,学籍学历管理者应加强学籍学历管理制度的宣传工作,在学生入学后充分告知规则并解释规则。除了向学生发放学生手册外,也可以利用新媒体进行宣传,将学籍学历管理制度文件上传至校园网,或刊登至校报,为学生了解学籍学历管理规定提供多种渠道,从而推动更多的学生把学籍学历管理规定从一种外在制度规定,慢慢内化为一种思想自觉和行动自觉。例如,高校学籍学历管理部门可以开展相关竞赛活动。此类活动的开展既可以有效地帮助学生对学校的规章制度有较准确、清晰的认识与了解,也可以提升学生对学籍学历管理规定的切实执行度。

最后,在规范执行的过程中,管理人员必须树立规则意识,遵循正当的程序依法依规进行。例如,在处理学生违纪行为时,学籍学历管理者必须严格遵照《学生违纪处分规定》。其中包含学生的解释与申诉程序、学生管理部门的调查程序、专门委员会听证并做出处罚建议等程序,确保管理者作为规定的维护者、执行者,秉持公平公正的原则处理相关事件。

本研究通过对各个高校进行实践考察，撷取出一些比较有代表性的规范引导案例，供读者参考借鉴。

1. 密切联系法务部门，依规做好学籍工作

高校的学籍学历管理事务纷繁复杂，涉及学校、学生、教师等不同主体的交互，难免会产生一定法律问题甚至相关纠纷。基于此种考虑，部分高校尝试在高校内部设置特定法务部门，将法律指导工作深入贯穿于学籍事务之中，能够有效地避免法律纠纷的发生。此种经验值得借鉴。

以××大学为例，该校严格遵守《普通高等学校学生管理规定》的相关规定。并在此基础上，制定或修订了《××大学学籍管理规定》《××大学纪律处分条例》《××大学学生申诉处理条例》《××大学研究生学籍管理实施细则》等学籍相关的制度，作为学籍管理的指导性文件，严格依法依规办事。对具体问题的处理则更加细化，仅针对研究生学籍管理工作，就系统地制定了《××大学研究生学籍管理规定》《××大学研究生学历证书发放办法》《××大学研究生证和校徽管理规定》《××大学研究生课程学习和成绩管理规定》《××大学研究生学术道德规范及违规处理实施办法》《××大学学生因公出国(境)管理办法》《××大学研究生出国(境)探亲旅游的暂行办法》等。

在学籍工作实际操作和制定新文件时，或在任何环节遇到问题时，××大学的研究生院都可主动联系学校法务室，请法务老师指导。在退学工作中，法务的审核是必需环节，每一位主动退学和退学处理的学生信息和处理流程都需在系统里请法务老师审核通过方可进展。法务老师也经常指出不合规或不规范之处请院系和研究生院修改。在新生报到注册环节，法务老师亲自修改了风险告知书。××大学法务部门的介入，为研究生学籍学历管理工作提供了强有力的法律保障，提高了学籍学历工作的规范性，也避免了纠纷的产生。

2. 坚持依法依规治校，完善成绩记载方式

校规在一定程度上是学生与学校之间的特殊"契约"。学生遵守校规被认为是契约精神的体现。在依法依规治校的理念指引下，校规被上升到"法制""规章""精神"的高度，在学校内部具有不可侵犯的严肃性和规范性。① 从某种意义上来说，依规治校正是依法治校的具体体现。

---

① 参见田宝宏：《校规工具价值与人文价值的冲突与应对》，载《中国教育学刊》2017年第6期。

以××大学为例,自 2017 年施行修订后的《普通高等学校学生管理规定》以来,该校高度重视,迅速采取行动,精心组织实施,坚决贯彻落实,严格执行相关内容。该规定突出强调立德树人的人才培养目标,内容涉及学生的权利与义务、学籍管理、校园秩序与课外活动、奖励与处分、学生申诉等诸多方面,是指导和规范高校实施学生管理的重要规章。在贯彻实施该规定过程中,该校始终坚持依法依规治校,以学生为本,落实爱心与责任,全面准确地把握其精神实质和规则内涵。

该校学籍管理工作中的一个重要亮点在于对成绩记载规定的完善。具体而言,该校根据《普通高等学校学生管理规定》中关于成绩记载的要求,广泛听取学生关于成绩记载的意见,请学生会权益部对全校学生做了成绩记载方案的调研。经意见反馈和深入研究,确定了新的成绩记载方式。新的成绩记载方式规定,以 2017 年 9 月 1 日为分界点,前后的成绩记载分别执行不同的方案。2017 年 9 月 1 日之前已经取得的成绩中,取最好成绩作为最终成绩唯一记载;超出培养方案要求的各类课程成绩不及格的,可按原规定退成绩。2017 年 9 月 1 日之后取得的成绩,重考、重修 2017 年 9 月 1 日前已修读且成绩为不及格的课程所取得的成绩,按原规定覆盖记载,不标注重考、重修;重修 2017 年 9 月 1 日前已修读且成绩为及格、中、良的课程所取得的成绩,按新规定真实、完整记载,并标注重修。2017 年 9 月 1 日首次修读课程及之后重考、重修此类课程所取得的成绩,按新规定真实、完整记载,并标注重考、重修。新的成绩记载方式公布后,学生反响良好,实现了新、旧成绩记载方式的顺利衔接。

3. 完善学籍注册制度,依规贯彻复查工作

在当前的学籍注册管理工作中,电子注册逐渐成为一种运用颇广的手段。电子注册的实行,有助于维护国家学历制度和学历证书的严肃性,同时也是维护毕业生合法权益、打击社会不法分子伪造学历证书行为的重要保障。① 当前不少高校开始实施电子注册模式,不断完善学籍注册制度。以××大学为例。该校在教育行政管理部门的指导和支持下,根据《普通高等学校学生管理规定》和《××大学研究生学籍管理规定》文件规定,依法依规地有效完成了学籍注册和复查工作,其经验值得参考。

例如,该校于 2020 年在研究生新生报到时采取微信人脸识别报到、刷卡报

---

① 参见崔逸梅:《浅论学籍学历电子注册制度》,载《求实》2010 年第 S1 期。

到以及远程注册等方式，并按照录取通知书、身份证明、学历学位证书与学生本人做详细比对，进行资格初审。初审合格的新生才能办理入学手续，从而促使该年度研究生报到率、缴费率和注册率均创历史新高，未注册研究生已全部按照《××大学研究生学籍管理规定》相应地作了放弃入学资格或退学处理。通过完善注册制度，彻底杜绝了研究生大规模欠费问题的产生。

新生入学后，学校对研究生新生逐个进行全面复查，将考生电子档案照片、录取通知书、身份证明、考生纸质档案与考生本人"五对照"；对前期采取网络远程考核的新生进行专业水平复查，通过笔试、面谈相结合的方式进行考核复测；重点检查新生专业与录取专业是否相符，严防在新生入学报到环节更改新生录取专业，严防将艺术类专业学生调整到普通类专业学习；由校医院对新生进行体检复查。经各院系对 6 249 名已报到新生的复查审核，没有发现冒名顶替行为。

4. 系统修订校规校纪，规范管理程序机制

高校从事规范引导工作，不仅需要从实体层面切入，也要注重程序机制的完善。毕竟，实体与程序密不可分，共同构成教育法治的规范体系。

以××大学为例，自教育部于 2017 年颁布修订后的《普通高等学校学生管理规定》以来，该校根据这一最新文件完成本校学生管理规定及相关各种近 100 项规定的修订工作，并从 2017 年 9 月起正式实施，重点对研究生相关的休、复、退、转、学籍及学年注册、学历证书管理等规定进行了重大修订，并按照新规定对研究生学籍学历进行管理。此后，其于 2018、2019 年陆续对相应文件进行修订，完善各类学籍学历管理文件；2020 年着重修订研究生注册办法、结业及结业后申请毕业等相关规定。

为严格执行研究生学籍学历管理规定，规范管理，保持学信网与该校学籍数据一致性，从 2018 年 9 月开始，该校对研究生休学、退学、复学、保留学籍等所有异动工作，均及时上报学信网，并于 2020 年将休学、保留学籍、退学、复学等学籍异动管理事项从申请、审批、发文到上传学信网等实现全流程电子化，保证研究生学籍异动事务准确、高效、便捷，在方便广大师生同时，也给业务部门减负增效。此外，该校在学生学籍信息修改方面非常注重严格审查，并要求提供权威部门出具的相关证明材料上报学信网。

值得一提的是，该校在执行工作规定时，也格外注重保障程序正义。在超过最长学习年限研究生清退方面，该校从 2016 年开始进行常态化清理，为保证

学生权益,同时让清退工作合理有序进行。在清退研究生时,严格按照提前告知、学院党政会议决议、学院公示、学生申辩、研究生院院务会议、校长办公会决议、学校发文等规定步骤,形成了一套合法合理的清退工作流程。

5. 法理阐释:法律规范与高校规范的良性互动

高校通过制定相应规范引导学籍学历管理工作的良性运作,既需要发挥一定自主性、对抽象的法律规范进行细化展开,也需要严格遵行规则理念、不突破法律规范的边界。从《普通高等学校学生管理规定》的立法设计来看,第三章"学籍管理"所涉及的7个方面内容都为各高校开展相关工作提供了上位法的指引,且立法者已经给予了各高校在制定相关校内规章时的自主权。这些所谓的"柔性条款"实际就为各高校根据其办学宗旨和育人理念制定具体规则并开展教育教学活动提供了可能性空间。

值得一提的是,《普通高等学校学生管理规定》中的一些条款本身就有效地实现了学籍学历管理与育人理念的结合。例如,第二十条规定:"学校应当开展学生诚信教育,以适当方式记录学生学业、学术、品行等方面的诚信信息,建立对失信行为的约束和惩戒机制;对有严重失信行为的,可以规定给予相应的纪律处分,对违背学术诚信的,可以对其获得学位及学术称号、荣誉等作出限制。"针对没有直接体现育人理念的法律规定,各高校则需要结合自身的实际情况,在合法合规、准确高效做好相关工作的同时,制定出体现高校育人理念的相关规章制度。

四、结语

高校育人的根本是立德树人,要求高校在人才培养过程中必须为学生建立起严格且行之有效的行为规范。学籍学历管理作为教学管理工作的核心内容之一,在其中扮演的角色是无可替代的,可以将学籍学历管理视作学生与学校之间所订立的"社会契约"——学生放弃部分意志和个人道路选择方面的一定自由,接受学校对于学生在课程选择、课程学习以及考核评价等多个方面的行为约束,维护学校的"公意",即维护每一个学生的发展权益,并将学生培养成符合新时代发展需要的高素质、有独立精神的新一代青年人。从宏观的角度而言,进一步完善学籍学历管理工作,有助于促进我国教育管理体系的有效完善,进而"不断使教育同党和国家事业发展要求相适应、同人民群众期待相契合、同我国综合国力和国际地位相匹配"①。

习近平总书记始终高度重视育人工作。2014年9月，习近平总书记在同北京师范大学师生代表座谈时说："选择当老师就选择了责任，就要尽到教书育人、立德树人的责任，并把这种责任体现到平凡、普通、细微的教学管理之中。"2018年5月，习近平总书记在北京大学师生座谈会上讲话时指出："要把立德树人内化到大学建设和管理各领域、各方面、各环节，做到以树人为核心，以立德为根本。"②那么，如何在当前时代背景下更好地推进学籍学历管理工作，使其更好地服务于立德树人的目标呢？如前所述，本研究认为，欲实现高校学籍学历管理育人工作的进一步完善和发展，需要从理念塑造、机制构建、规范引导等多个方面层层推进，从而适应当前社会发展对于高校提出的要求。以上种种路径仅仅是本研究基于当前的理论及实践所作的初步探索，至于更为系统性的经验方法，尚需各校结合本校具体情况做进一步深入探究。

---

① 参见《习近平在全国教育大会上强调坚持中国特色社会主义教育发展道路培养德智体美劳全面发展的社会主义建设者和接班人》，载中华人民共和国教育部2018年9月10日，http://www.moe.gov.cn/jyb_xwfb/s6052/moe_838/201809/t20180910_348145.html。

② 参见《立德树人，习近平这样阐释教育的根本任务》，载新华网2019年3月18日，http://www.xinhuanet.com/politics/xxjxs/2019-03/18/c_1124247058.htm。

【参考文献】

[1] 高校用大数据偷偷给困难生打钱:这样学生没负担[EB/OL](2019 - 09 - 21),http://news.sina.com.cn/s/2019-09-22/doc-iicezzrq7464176.shtml.

[2] 国务院·关于印发统筹推进世界一流大学和一流学科建设总体方案的通知:国发[2015]64号[A/OL].(2015 - 10 - 24).

[3] 立德树人,习近平这样阐释教育的根本任务[A/OL](2019 - 03 - 18).http://www.xinhuanet.com/politics/xxjxs/2019-03/18/c_1124247058.htm.

[4] 习近平在全国教育大会上强调坚持中国特色社会主义教育发展道路培养德智体美劳全面发展的社会主义建设者和接班人[A/OL](2018 - 09 - 10),http://www. moe. gov. cn/jyb _ xwfb/s6052/moe _ 838/201809/t20180910 _ 348145.html.

[5] 陈萍,郑罡,杨江帆.大学生巨婴化现象及其成因分析[J].教育评论,2018(4).

[6] 崔逸梅.浅论学籍学历电子注册制度[J].求实,2010(1).

[7] 翟建设.新形势下推进高校管理育人工作的有效途径[J].中国教育学刊.2015(S1).

[8] 董世坤.观念·制度·文化:高校管理育人再思考[J].江苏高教,2019(7).

[9] 范小凤.论新时期高校"三全育人"德育模式及其运作机制[D].上海:华东师范大学,2011.

[10] 顾晟.校院两级管理体制改革的探索和实践——以上海交通大学"院为实体"改革为例[J].学园,2018(18).

[11] 胡振宇,胡安周.试论教书育人与服务育人.管理育人的关系[J].河南金融管理干部学院学报,2001(4).

[12] 黄芝虹.发挥学籍档案管理在高校育人中的作用[J].文教资料,2010(19).

[13] 晋涛,张玉涛.高校惩戒权解释规则研究[J].复旦教育论坛,2020(1).

[14] 孔晓娇,李桂范,高思炜.现代远程教育学籍管理的常见问题及解决办法[J].现代教育技术,2018(S1).

［15］刘根旺.高校思想政治教育合力研究［C］.辽宁省高等教育学会,2017.

［16］刘洁.高校管理育人的途径探析［J］.思想理论教育导刊,2012(8).

［17］刘旭东,张玉涛.我国高校教育惩戒制度的运行现状及其完善路径［J］.思想理论教育,2019(8).

［18］帅斌.管理育人的价值取向——对新版《普通高等学校学生管理规定》的价值解读［J］.思想教育研究,2018(5).

［19］孙志建.迈向助推型政府监管:机理、争论及启示［J］.甘肃行政学院学报,2018(4).

［20］田宝宏.校规工具价值与人文价值的冲突与应对［J］.中国教育学刊,2017(6).

［21］王彬.法律现实主义视野下的司法决策——以美国法学为中心的考察［J］.法学论坛,2018(5).

［22］赵贵臣,肖晗.诚信教育融入高校资助育人体系的路径［J］.思想教育研究,2021(1).

［23］郑安波.高校学籍管理工作要结合德育教育发挥育人功能［J］.科技经济市场,2014(12).

［24］周楠.新时代高校辅导员坚持政治底线意识论析［J］.学校党建与思想教育,2021(4).

［25］祝晓璇,王雷.基于三全育人理念的高校资助工作网格化模型构建［J］.当代教育实践与教学研究,2019(14).

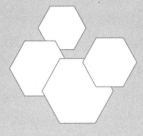

高校学籍学历管理育人案例汇编

中篇

一、入学与注册

对新生入学资格进行审查,规范办理学生报到注册手续,精准掌握学生学籍学历状态,是准确掌握学生信息、加强学生管理、开展教育教学活动的重要基础性工作,是开展学生诚信教育、提高规则意识的重要环节。其在保护学生合法权益和维护学校正常办学秩序方面具有重要作用,对于落实国家招生政策,维护教育公平公正有着十分重要的意义。

做好高校学生入学与注册相关工作,需要把握 3 个特性。

一是联动性。新生入学报到、资格审查、学籍注册与学籍异动标注、学历注册,以及学历证书制发等各环节是有机统一、互为关联的系统性工程,首尾相顾、环环相扣,牵一发而动全身。

二是前置性。新生入学报到、入学资格审查、学籍注册工作是学生接受高等教育、参与社会实践、出国交流访问、奖惩资助等相关工作的前提,是真正开启校园生活和学习安排的第一关卡,是学生感受校园管理服务体系能效的第一印象,也是学校提前了解学生基本情况的窗口。

三是严谨性。新生入学资格审查和学籍学历注册工作,时间集中,政策性强,具有严格规范的工作程序,也是学生管理服务工作中加强诚信教育、提高规则意识的一个极其严谨而重要的教育环节。

在高校学生入学与注册工作的实践中,要坚持依法依规,确保公平公正,把以生为本的理念贯彻到入学与注册工作的全过程中,推动规范管理与立德树人的有机统一。

第一,强化精准意识,在解决信息实不实的问题中加强诚信教育。学校应按照《普通高等学校学生管理规定》要求,建立健全新生入学资格的初审和复审机制,对照《普通高等学校学生管理规定》中明确的 5 个方面的审查内容,逐一审查,并做好过程及结果记录。对违反规定、虚假注册学生学籍学历信息以及为不具备入学资格的学生办理新生报到入学手续等行为"零容忍",让失信人为失信"买单"。同时,开展正向引导与警示教育,营造"知信、用信、守信"的浓厚氛围,让大学生形成诚实守信、重信守诺的良好风尚。

第二,强化程序意识,在解决程序对不对的问题中加强规则教育。学校要成立由校领导任组长,招生、教学、学工等职能部门和各院系相关负责人组成的新生入学与注册工作领导小组,制定具体的工作方案,明确责任分工,认真做好新生报到、入学资格审查、学籍注册等各项工作,确保工作规范有序,责任落实到人。学校工作人员要严格遵守入学与注册的程序,规范入学资格审核、学籍注册等相关工作的操作流程,注重监督制约,让学生在严谨的程序运作过程中看到公正的实现过程,帮助学生深化对程序与规则重要性的认知,养成懂规则、讲规则、守规则的观念。

第三,强化服务意识,在解决关心到没到的问题中加强价值教育。入学与注册工作是学校管理育人、服务育人的重要组成部分。在入学与注册工作实践中,学校要主动承担为党育人、为国育才的责任使命,运用大数据等现代化的信息技术手段,提前掌握学生入学前的相关表现以及是否存在家庭经济困难等情况,对学生基本情况进行科学研判,提升入学与注册的信息化水平和服务效率。同时,在运用现代化信息技术提升服务水平的过程中,不断强化育人的价值导向,引导学校工作人员增强育人意识、提升育人能力、落实育人责任。在帮助学生办理助学贷款的过程中培养学生金融风险防范意识、法治意识、契约精神等,对家庭困难的学生加强励志教育、感恩教育、生涯规划教育等,引导学生自强自立,提升综合素质。

主动关注新生报到状态

【案例简介】

2016 年 9 月，新生入学报到工作结束后不久，A 校 B 学院发现有一名新疆学生 A 同学未到学校报到。该学院立即与 A 同学家长联系。经过沟通了解，该同学家庭子女多，又遭受了旱灾，家庭经济困难，为了减轻家庭负担，该同学父母不同意其来上海读大学。

了解情况后，A 校学生处大学生资助中心的老师立即与该同学家长及学生本人取得联系，详细阐述并解释了国家资助政策以及学校的奖学金、助学金、勤工俭学、学费减免、助学贷款等各项政策，以解除学生家长的后顾之忧。与此同时，A 校 B 学院协同新疆内派教师和学生的辅导员主动与家长、学生多次沟通，开展耐心细致的思想工作。

经过多方联动，A 同学和她的父母终于放下思想包袱，及时赶到学校报到注册。之后，学校持续关注 A 同学的成长，精准帮扶，还积极引导该同学参加就业力 UP 训练营，做好生涯规划。A 同学也格外珍惜磨炼自己的机会，在学习奋进、社会实践、志愿服务中不断提升自己，各方面表现突出。

【案例分析】

新生报到是了解学生思想动态的窗口。本案例是主动关注学生报到动态的成功案例之一。每年都有个别学生因为家庭经济困难等原因，对上大学读书迟迟不能下定决心，犹豫不前。这就需要学校职能部门和工作人员及时知情、充分引导、工作靠前，将"三全育人"的工作理念提前到入学报到前和报到时两个阶段。其最终目标不仅仅是帮助学生上大学读书，更重要的是通过大学培养和教育，绽放学生的精彩未来。

第一，信息摸排精准，奠定工作基础。学校掌握 A 同学没有报到的信息后，在一周内通过各种渠道，在政策上引导，在心理上疏导，让 A 同学和家人改变了不上大学的消极态度，积极地面对困难，充满信心地来到学校。

第二，帮扶及时到位，解除后顾之忧。学生到校后，学校学生处大学生资助中心立即为其办理了"绿色通道"，发放了新生帮困金、助学金，引导该生申请勤工助学岗位，帮助该生解决生活困难，使她能够安心在校读书。

第三，生涯教育有效，绽放美丽之花。入学后，学院辅导员带领 A 同学加入学校生涯工作室，并引导其参加就业力 UP 训练营。通过职业生涯训练营理论和实践相结合的教育方式，开阔了她的视野，增强了她的实践能力和责任意识，树立了明确的生涯发展目标。在学校学习期间，该生表现积极，主动递交了入党申请书，并经常参加校内外志愿者服务活动，先后获得校优秀学生奖学金二等奖、上海高校共青团社会实践大赛潜力项目奖等荣誉。

（撰稿人：余静、纪晓黎、袁铭）

新生入学前置学历证件遗失的处理

【案例简介】

旷同学在 2019 年被 A 校服装与服饰设计专业录取。在新生报到当天，旷同学所在学院对新生入学资格进行初步审核，主要查验学生身份证原件、录取通知书原件、前置学历毕业证书原件、户口本和学生档案等材料，并与学校招办提供的新生录取名册中的姓名、性别、身份证号、联系电话和录取专业等信息进行逐一比对，确认新生录取资格。由于旷同学未能提供高中毕业证书原件，学院无法认定其新生入学资格，报教务处备案。教务处随即组织入学复查，学院学工秘书、辅导员分别对该生所提供的证件材料、考生电子档案照片等再次复核，并由辅导员和学生进行沟通，确认该生因未妥善保管高中毕业证书，导致证书已丢失。

经教务处和旷同学所在学院协商，由学院学工秘书负责联系该生毕业的高中。经核实，确认旷同学为该高中 2019 届毕业生。

经教务处研究，初步确认该生新生入学资格，允许该生参加 2019 级新生体检、军训和新生专业复测，并通知该生于军训后两周内提交高中毕业学校开具的毕业证明。

军训结束后，该生和高中班主任联系，凭本人身份证委托家长至毕业高中开具了毕业证明，旷同学顺利取得了 2019 级新生学籍，学校在学信网上予以学籍注册。

【案例分析】

本案例中，在学校进行新生入学资格初步审核的环节，旷同学提供了本人身份证、户口本、录取通知书等材料，但是由于未能提供前置学历材料，学校无法认定其新生入学资格。经过学校学籍学历管理部门、学生所在学院及时与该生及其毕业高中沟通，在各方面的积极配合下，学生最终取得了毕业高中开具的毕业证明。学校核实该生前置学历后给予新生学籍注册。

在对本案例事件处理的过程中，体现了学校学籍学历管理工作的严谨性，同时也体现了学校在管理育人中以生为本的服务理念，值得借鉴。

第一，严把入学资格"入口"关，是学籍学历管理工作中的重中之重。新生入学注册不仅是学籍学历管理工作的起点，也是学生学年电子注册和毕业生学历电子注册的前提和基础。各高校都应重视"入口"关，严格新生入学复查工作，防止冒名顶替，维护教育公信力。

第二，新生入学资格复查是对考生录取资格的再确认，是新生入学、学籍注册和在校生学习资格认定的依据。学校要按照《普通高等学校学生管理规定》和上海市教委相关工作细则，根据管理程序要求，采取有效措施，扎实做好新生入学资格复查工作，推动高校管理育人规范化、法治化、科学化。

第三，新生入学资格复查要将以生为本的服务理念贯穿始终。学校要坚持把促进学生成才作为学生入学与注册工作的出发点，发现问题要第一时间报告，并协同相关部门及时处置，帮助学生解决问题，防止误时、误事、误人。

（撰稿人：陈怡婧、袁铭）

入学资格核查发现学生有两个身份证号

【案例简介】

X 省生源甲同学于 2018 年秋季考入 A 校。在新生入学资格初审、复查工作中，A 校核查发现该生有多个身份证号。经调查，甲同学出生时，父母感情破裂，分居 X 省两市，两市派出所皆为其登记身份信息，故甲同学有两个身份证号。2017 年 9 月，派出所注销甲同学的身份证号Ⅰ，保留身份证号Ⅱ。2017 年 11 月，甲同学高考报名仍使用身份证号Ⅰ。2018 年 9 月，甲同学入学报到时以身份证号Ⅰ报到。

A 校根据教育部《普通高等学校招生违规行为处理暂行办法》、教育部《普通高等学校学生管理规定》、学校《学籍管理条例（修订）》等文件规定，在新生入学资格审查流程中发现该生的关键信息有误，上报给上级教育行政管理部门，查核该生高考报名资格。经学校不断联系沟通，甲同学生源地的公安机关、X 省招生考试院以及甲同学原所在中学出具了相关情况证明。

经过多月跨省市各级多部门的关键信息核查，X 省公安机关提供证明，两个身份证号均属同一人，属于重登、误登所致；X 省招生考试院正式给学校回函，该生的情况是由于高考报名系统和公安户籍系统不共享，X 省招生考试院确认甲同学符合 2018 年高考报名资格，重新寄送一份更正过甲同学身份信息的高考录取花名册，并更新了中国高等教育学生信息网（学信网）上甲同学的招生录取信息。学校最终以公安机关和 X 省招生考试院核查的身份证信息为准，进行了学籍信息的认定。

【案例分析】

本案例中甲同学多个身份证号的问题具有典型性。在整个事情的处理过程中，A 校多方联动，最终核实了情况，使甲同学顺利取得学籍，既体现了规则、程序的严肃性，又体现了以生为本的服务意识，保障了学生的权益。

第一，入学资格核查要遵循法治思维。做好新生入学资格复查和学籍电子

高校学籍学历管理育人：理论思考与实践探索

注册不仅是学校的常规性工作，而且是保护学生权益、维护高校办学秩序和国家教育制度的一项严肃工作。A校在整个处理过程中遵循法治思维，落实法治原则，注重权利保护，坚持管理育人，既维护了学生的合法权益，也体现了学校管理工作的严谨和以学生为本的教育理念。

第二，入学资格核查要有联动意识。每一项工作都不是孤立的，特别是涉及学生切身利益的事，往往牵一发动全身，需要多部门协同作战。发现甲同学具有多个身份证号的问题后，A校相继启动了学校所在地派出所、学生生源地公安机关、学生所在省招生考试院、学生原所在中学等调查程序，请相关单位提供有法定效力的证明材料。在各方的协作努力下，事情得以圆满解决。

第三，入学资格复查要有责任意识。学籍事关学生的切身利益。在本案例中，入学资格复查要认真对待。任何工作，不管大事、小事、紧急事务还是日常事务，都要拿出100%的责任心，时刻以敬畏之心对待肩负的责任，以进取之心对待从事的工作，才能真正落实立德树人的根本任务。

（撰稿人：杨润宇、袁铭）

研究生入学信息的误报

【案例简介】

2018年9月,A校B学院在上报自动放弃录取资格人员名单时,漏报了自动放弃入学资格的张同学;相关工作人员未能发现此次误操作,又上报给了主管部门。2018年9月底,学校按照流程完成了2018年研究生新生入学注册。

2018年10月8日,张同学重新报考2019年硕士研究生,在进行网报时发现自己的身份已为A校在校研究生,于是通过电话向A校核实信息。A校研究生院接到电话后,对此事高度重视。一方面,及时核实相关信息,纠正错误,专门组织召开专题研讨会,要求误报信息的学院进行整改,其他学院也重新核实上报的信息,最后重新注册2018年研究生入学信息。同时,完善研究生新生入学资格复查的流程,成立研究生学籍工作领导小组。该小组由校长授权,负责对研究生作出取消入学资格、取消学籍、退学、开除学籍或者其他涉及研究生学籍方面重大利益的处理或者处分决定进行合法、合规性审查。另一方面,安抚学生,并主动向张同学解释情况,得到张同学的谅解,最终解决了该问题。

【案例分析】

本案例是典型的因工作责任意识不强导致工作失误而引发的问题,具有很强的警示意义。入学资格审查与注册工作看似一件小事,实则是关系学生终身利益的大事,必须慎之又慎。

第一,要始终保持严谨细致的作风。研究生学籍学历管理工作是研究生从入学到毕业整个培养过程的重要工作。必须把严谨细致作为立业之本、成事之基,不断强化"责任重于泰山""细节决定成败"的理念,把入学资格核查与注册报到的每一项内容、每一个环节、每一道程序都按高标准、严要求做到精益求精、尽善尽美,以细致入微的工作成效浸润学生的成长。

第二,要建立健全校验复核机制。近年来,研究生招生规模不断扩大,研究生入学资格审查与注册报到工作量大、时间紧且容易出错。在本案例中,因为缺少校验复核,当工作人员误操作后,相关部门均未发现信息错误,导致问题产生。A校在整改中,成立研究生学籍工作领导小组,完善研究生新生入学资格复查的流程,增加二级学院主管学生工作的副书记和主管研究生教育的副院长两位领导签字确认程序,有利于从机制上保障入学资格审查和学籍注册工作的精准度。

第三,要重视加强工作队伍建设。学籍学历管理队伍的不健全在很大程度上制约了学籍学历管理工作的有序有效开展。在工作中,必须正视学籍学历管理工作在人才培养过程中的重要地位,充实管理力量,健全工作队伍,防止因人手不足出现临时点将、代行履职等现象。要加强职业道德和业务培训,不断强化责任意识,提高业务能力。

（撰稿人：彭海仔、袁铭）

新生录取、报到过程中姓名变更

【案例简介】

2019年9月底，A校学籍学历管理部门在比对招生部门与学信网上的录取数据时发现，新生邬同学两处信息不一致：信息显示身份证号相同，但姓名不同。经了解，原因是邬同学父母离异，其随母姓改动了姓名。该生在报到时将新身份证复印件交给了招生部门，招生部门据此更改了邬同学录取信息中的名字，导致招生部门的录取姓名与学信网的录取姓名不匹配。鉴于上述情况，学籍学历管理部门要求邬同学提供户口簿和身份证原件验证。该生回答要等2019年底的寒假结束第二学期报到时才能拿户口簿原件来校，而本人新身份证已丢失。由于邬同学无法提供更改姓名的有效证明，学籍学历管理部门在核对其电子档案后先按照录取姓名办理新生电子注册。

邬同学认为，录取报到时已将改名后的新身份证复印件交至A校招生部门，既然招生部门已认可其姓名变更，学籍学历管理部门就应按照其更改后的新名字进行新生电子注册。学籍学历管理部门认为，新生进校后，须根据规定对学生进行入学资格的复查，其中招生环节修改信息须提供信息更改后的相关文件原件和复印件，对修改姓名的情况必须审核身份证原件、户口簿原件或学生所在户籍地的派出所证明，否则只能按学信网录取信息注册。邬同学多次到学籍学历管理部门提出按新名字登记，但由于该生无法提供身份证、户口簿原件，学校暂时以该生原姓名注册。3个月后该生提交了新身份证、户口簿原件及复印件。经学籍学历管理部门核实，邬同学新名字和身份证、户口簿上名字一致。学校同意该生申请，修改了学信网和学校信息管理系统中的信息。

【案例分析】

本案例是新生入学资格复查中具有代表性的案例。近年来，学生由于各种原因申请修改姓名的情况不断增多。一方面，校方要保证新生入学信息的准确性；另一方面，也要尊重学生，有理有据地回应学生诉求，体现工作中的人性化。

第一，要一以贯之地坚持实事求是的态度。本案例中，A 校学籍学历管理部门工作人员依据《普通高等学校学生管理规定》认真核查新生入学数据，发现问题后，能坚持原则，按照程序及时协调处理，体现了一切从实际出发的工作要求，也有效维护了入学资格复查的严肃性。

第二，要一以贯之地坚持以学生为本的理念。本案例中，虽然 A 校学籍学历管理部门工作人员与邬同学在能否在未校验新身份证原件的情况下，注册新的姓名问题上出现过分歧，但 A 校没有因此一口拒绝学生的诉求，而是以在核对其电子档案后，按照录取姓名办理新生电子注册的方式先行解决了电子注册的问题。待该生提交了新身份证、户口簿原件及复印件验证后，修改了学信网和学校信息管理系统中的信息，充分体现了学校以生为本的理念，也让学生在严格的规则中感受到了学校的"温度"。

第三，要一以贯之地坚持联动协同的原则。在学籍学历管理的实践中，因为各部门平行运行，机关事务烦杂，往往各守一摊，有时难免会出现信息沟通不够的情况。本案例中，招生部门根据邬同学新的身份证件更改了邬同学录取信息中的名字，但没有第一时间跟学籍学历管理部门沟通，导致出现部门间信息不一致的情况。学籍学历管理涉及方方面面，职能部门要牢记协同原则，坚持重要信息第一时间沟通，常规信息定期沟通，学籍学历管理工作才能有力、有序、有效地往前推进。

（撰稿人：顾文平、袁铭）

二、成绩考核与记载

高校学生成绩考核与记载是高校学籍学历管理的一项经常性工作,是高校学生事务管理的一个重要环节,关系到学生在思想品德和学业成绩等方面的评价。高校学生成绩考核与记载应当以制度为保障,确保公平公正、规范科学;同时要坚持以学生为本,以育人为目标,在具体管理工作中潜移默化地融入思想政治教育,推动规范管理和立德树人融合统一。

第一,高校学生成绩考核与记载工作应当做到"有章可依"。制定完善的高校学生事务管理制度,才能在开展具体管理工作时有章可依、有据可循。并且,不仅要"有规章、有制度",更重要的是规章制度应该合理、合法、科学,不得与上位规范性文件相冲突。各高校可以依据《普通高等学校学生管理规定》,细化制定具有校本特色的学生管理规定及教务管理办法,并在其中明确学生成绩考核与记载的相关内容,为成绩考核与记载工作提供制度保障。

第二,高校学生成绩考核与记载工作应当坚持"依章办事"。成绩考核与记载工作关系学分、毕业等,与学生切身利益密切相关。为严肃考核过程、规范成绩记载、严格学籍管理,在实际工作中,应当做到"依章办事",具体包含两层含义:有规定的应当严格依照规定执行;在没有具体规定或虽有规定但有一定自由裁量幅度的情况下,面对学生提出的诉求,应当审慎使用自由裁量权,在尊重立法原意、遵循立法原则的基础上,根据合理、公平的原则进行选择和适用,尽可能地保障学生合法权益,为学生创造宽松的成长环境。当然,在这个过程中,不能对规章制度的适用任意变更,从而破坏学生管理规章制度的严肃性。

第三,高校学生成绩考核与记载工作目标指向立德树人。包括成绩考核与记载在内的高校学生教育管理根本目的在于立德树人。制度是保障,管理是手段,但最终目标是要将思想政治教育融入管理活动之中,实现科学规范管理与道德涵育有机统一,引导学生形成正向的思想观念、价值取向、德行标准和行为方式。因此在开展学生成绩考核与记载工作的过程中,在依章办事的同时,更要坚持以生为本,秉承管理育人的价值理念,尊重个体差异,坚持"精准施教",

挖掘教学管理与育人工作的融合点、切入点,充分发挥成绩管理的育人效能,实现全过程育人。这也是高校成绩考核与记载工作的出发点和落脚点。

第四,高校学生成绩考核与记载工作应当协同多方力量。要通过成绩考核与记载工作实现育人目标,并不能单纯依靠教学管理一个部门。教学管理部门、各教学单位、学生管理部门以及教务员、辅导员、任课教师等各方力量应协同联动,明确各自职责,形成育人合力;必要的时候,应当协同家庭、社会等多方力量,共同做好考核相关工作。这是全员育人的要求和体现。同时各个部门严格按照规范,为学生提供高效和友善的管理和服务,在潜移默化中培养学生的事业心、责任感和法治意识。

严肃处理体育课代考行为

【案例简介】

A 高校陈同学在体育课程考试中，请同班王同学代考，被监考老师发现。监考老师当场告知两人，室外代考同样属于考试作弊行为，并将两名学生作弊情况如实上报教务处。根据《普通高等学校学生管理规定》第五十二条第四项，代替他人考试或者让他人代替自己参加考试者，学校可以给予开除学籍处分，并结合该校《学生管理办法》第六十八条的规定，报校长办公会审批。最终学校给予两位同学开除学籍处分，将《A 大学关于给予××学院××班陈同学、王同学开除学籍处分的决定》送达两人，同时告知两人如对处分决定有异议，可在收到处分决定书 10 日内向学校学生申诉处理委员会提出书面申诉。

陈同学、王同学在收到处分决定第 5 日向该校学生申诉处理委员会提出书面申诉。两位同学认为，根据 A 校《学生违纪处分规定》第二十五条规定，课堂内代考会构成严重作弊，但体育不是严格意义上的正规考试，且在室外，体育代考行为不算严重作弊行为，情节较轻，可给予留校察看处分而不是开除学籍处分，故向校方提出申诉。

该校收到学生申诉后，立即联系该生的辅导员和任课教师，针对学生申诉内容进行调查。辅导员确认，在考试之前已召开班会告知学生诚信考试的重要性，并一再强调所有考试都不得作弊，一旦作弊将按照相关规定给予严肃处分。任课教师认为：体育课程为学生必修课；室外测试是由体育这门学科的性质决定的，属于体育考试的正规形式，与其他科目的室内考试一样，都应该被视为严格意义上的考试；如果存在代考或者替考行为，即为严重作弊，与室内考试作弊情节相同。经该校校长办公会讨论，该事件所涉及的事实清楚、规定明确、程序规范，符合《普通高等学校学生管理规定》和该校《学生管理办法规定》相关规定，最终认定体育考试中委托他人代考、替代他人参加考试，属于严重作弊行为，给予两人开除学籍的处分。

【案例分析】

本案例属于因考试作弊引起的纠纷。案情本身事实清楚、依据明确、处理得当。

第一,学生管理要坚持依法依规进行。《普通高等学校学生管理规定》第五十二条和第五十五条,明确了作弊处理的依据、处理决定的送达方式、学生陈述和申辩的救济渠道等相关规定。学校按照上述文件处理,并告知学生有依法申诉的权利。学生依规进行申诉,符合相关规定,程序正当。

第二,学生管理重在进行教育引导。根据《普通高等学校学生管理规定》第二十条规定,学校应当开展学生诚信教育。该生辅导员在考前进行诚信教育,属于对学生的教育引导,同时也尽到了事前告知义务。

第三,学生管理以制度强化学生认知。大学生教育管理工作不能仅仅依靠传统的"德治",还需要运用"法治"手段,解决正当性问题。学校根据《普通高等学校学生管理规定》,细化制定了本校《学生管理办法规定》,只要不与上位文件冲突,即为有效,为学校处理学生作弊提供了制度保障。在本案中,学校始终严格按照上述两个规范性文件进行处理,对学生因自身错误而提出的不合理诉求不予以支持,充分发挥了规范性文件的教育、指引、规范的作用,在校园里营造法治文化,也是对学生法治思维、法治意识的教育培养。

(撰稿人:李丹)

多渠道加强学业预警生的教育管理

【案例简介】

A校陈同学大一第一学期仅获得12学分。经过一学期调整,大一下学期她共获得20学分。大二时,她在"概率论与数理统计""高等数学"修读上再次陷入困难,第一学期获得10学分,第二学期仅获得5学分。大三第一学期她选读了12门课程,其中包括4门不及格重修课程,但不及格课程再次没有通过。大三第二学期她选读了11门课程,其中包括4门不及格重修课程。在期末考试时,因心理状态非常不稳定,她申请了缓考。开学后缓补考时,她仅参加了1门缓考,其他课程全部缺考。陈同学因为"一学期获得学分低于培养方案规定总学分的10%,且自入学以来累计获得学分低于总学分的10%×长学期数",符合该校学生管理规定中的退学条件,教务处依规定签发了"学业警示书"至院系及学生本人。该同学申请了试读,试读机会仅有一次。

该生申请试读后,教务处第一时间核查陈同学的学业完成情况,并与辅导员详细沟通相关课程情况。辅导员与陈同学面对面谈话,针对目前的学业问题进行了原因分析。经过谈话,辅导员了解到,大一入校后,由于基础较差,陈同学心理压力较大,情绪沮丧,没有及时调整好学习状态,故大一成绩较差。之后在数学学习方面,没有掌握正确的学习方法,加之大一落下不少知识点,所以差距越来越大。陈同学表示,会深刻反思自己的学习态度,对自己未完成的学分进行梳理,对不及格的课程进行重修补救。辅导员也电话联系了陈同学的家长。家长在了解学习情况之后,表示会密切关注她的学习状态。在课程修读期间,教务老师定期联系任课老师,了解陈同学上课出勤和表现。辅导员鼓励引导陈同学参加朋辈研习社、数学专业课学习小组等,对学习困难的数学类课程进行补课,同时和家长密切联系,及时沟通陈同学学习生活情况。多管齐下,陈同学重拾了学习信心,顺利通过了几门课程的补考,修完全部学分。

【案例分析】

本案例涉及学生被学业预警，可能被退学的问题。按照《普通高等学校学生管理规定》第三十条规定，学业成绩未达到学校要求或者在学校规定的学习年限内未完成学业的，学校可予退学处理。该案例中陈同学多门科目缺考、成绩不合格，满足学校退学处置的条件，但学校在处理这类问题时，坚持从具体实际出发，既严格要求学生，也多方协同，帮助支持学生，最终完成学业。从中我们可以获得以下三个方面启示。

第一，规范教学管理，及时学业预警。学校在学习的不同阶段，对缺课达到一定数目的学生采取提醒、教育等预先警示方式指出问题并责令学生改正，是加强学生的学业管理，提高学生自我管理、自我约束能力，形成学校家长共同管理的模式的重要手段。本案中教务处依照学校学生管理规定，发出"学业预警通知书"，并给予学生试读机会，管理规范有据。

第二，关注学生实际，采取针对性教育。进入大学后，很多大学生面临从高中到大学的转变，往往存在较大的压力，出现学业困难。辅导员应当密切关注、把握学生的学习情况和心理状况，有的放矢地深化对学生的学业指导和心理健康教育。

第三，多方协同联动，形成育人合力。预警只是手段，育人才是目的。学业预警的目的在于督促学生努力学习，同时协同学校、教师、家长，多方合力，关心帮助学生完成学业，保障教育教学和人才培养质量。案例中，学校、教师对学生已经出现的学习问题和学业困难进行了警示，并有针对性地采取相应的补救和防范措施，帮助学生完成了学业，取得了良好的育人实效。

（撰稿人：王晓、李贝）

错过缓考申请谁之过？

【案例简介】

A 校陈同学在大一期末体育考试前扭伤了脚踝，无法参加考试，但该生在考试前后均未申请缓考，因此本学期体育成绩为 15 分，不及格。根据学校规定，该生需在下学期进行补考，同时因一门成绩不及格，失去后续的本学年评奖评优资格。陈同学提出异议，表示并不知道可以选择缓考，授课老师和辅导员前期也没有告知过自己可以申请缓考，且脚踝扭伤属于突发情况，行动不便客观上也来不及申请缓考，故要求下学期参加缓考，并要求授课老师和教务处在教务系统中对其上学期体育成绩进行修改更新，不作为不及格认定。

教务处在收到学生对成绩的异议后，跟该生的辅导员进行了沟通，得知辅导员考前已通过班会宣讲以及文件发放等形式告知学生补考、缓考的相关规定和具体程序。另外，学校给每一位同学都发放了《学生管理手册》。其中，《全日制本科生课程考核管理办法》明确了"学生因两门课程期末考试时间冲突、受伤、生病、公派交流离校、直系亲属病危病逝等特殊情形而不能参加考试的，应在考试前办理缓考手续。有正当理由不能在考前办理的，应在考后一周内办理"。同时教务处核实了该生在期末体育考试时来到考试现场，但并没有告知辅导员或体育老师其身体的情况，也没有提交缓考申请。

据此，教务处认为，关于补考、缓考的具体情形和流程，在《学生管理手册》中都有明确规定，并且辅导员老师在考试前也将相关规定告知学生，学生理应知晓。学生因个人原因不能参加考试，没有申请缓考，同时也未及时进行沟通申请，导致课程成绩不及格及失去相应评奖机会，是学生自身过错，理应对自己的行为负责。体育老师对于该生体育考试不及格的评价和记录是客观合理的，故驳回陈同学修改体育成绩的申请。教务处和体育老师之后告知了学生可选择补考或重修的方式完成该门课程学分。辅导员对其进行了批评教育，让学生认识到了遵守校纪校规的重要性。

【案例分析】

本案例涉及学生未能按照学校管理规定及时申请缓考,造成成绩评价争议问题。案例处理体现了学校校规的规范性和严肃性,也体现了学校通过学生管理达到育人目的。

第一,处事有法可依,保障规定执行。"没有规矩,不成方圆。"该校制定的《全日制本科生课程考核管理办法》对缓考进行了详细规定,且符合《普通高等学校学生管理规定》的规定,体现出了学校对学风、考风建设的重视,以及依法依规开展管理工作的导向。虽然陈同学确实符合申请缓考的条件,但没有在合理时间内提出缓考申请,视为对该项权利的放弃。学校按照规定对其进行正常考核、客观评价,合理合规;在收到学生对成绩争议的申请后,积极听取学生诉求,了解事件过程,严格依规办事,保证了处理的公平公正。

第二,保障学生知情权,尽到告知义务。学校制定了缓考政策,通过《学生管理手册》的发放、微信推送、网站公告、辅导员传达等方式进行了政策的宣传解读。一方面保障了学生的知情权,让学生知法、懂法,明确自身的权利义务,知晓自己"应该做什么""可以做什么"和"不能做什么"。另一方面也是学校加强法治建设的举措,通过规范性文件的宣讲解读,传播法治思维,营造和谐的校园法治氛围。

第三,坚持管理育人,引导学生成长。该案例除了体现学校依规处理外,蕴含的育人点在于,通过教育引导和让学生承担违规不良后果,引导学生树立规则意识,依照校纪校规规范自身言行,自我管理、自我约束。要求学生既要勇于维护自身的合法权益,又要尊重遵守学校正常的教学流程秩序。

(撰稿人:祖沁睿)

增开课程帮助转专业学生完成学分

【案例简介】

某高校陈同学是一名转专业学生。其转入新学院后,需要修读的学分比同班同学多,课程安排也不一致。她根据个人实际自行规划了课程表。在最后一学期选课时,陈同学发现培养计划规定要修读的一门必修课程 A,因任课教师调离而不再开设。同班同学之前均已修读完课程 A,而且学院修改了后续年级的培养方案,课程 A 不再纳入培养计划。

陈同学得知大四最后一个学期无法选课可能影响毕业后,情绪较为激动。辅导员第一时间与她取得联系,安抚其情绪。同时从学生骨干、陈同学室友、班级同学处进一步了解到,陈同学转入新学院后学习勤奋努力,确因适应新环境、补充的课程学分较多等缘故,不能完全按照教务处的既定课表上课,才自行安排了个人课程,造成了课程 A 到大四仍未修完。

辅导员及时将这一情况反映给学院。学院研究了陈同学已修读完成的课程和后续几个年级培养方案中的课程,均不可用于折抵课程 A 的学分,倘若这门必修课不能如期修读完成,将直接影响陈同学毕业和就业。于是学院在专业教师中积极动员,开设与课程 A 同类或接近的相关课程。经征集,和课程 A 同一研究方向的一位老师愿意开设近似课程 C。同时学院也做了调查排摸,了解到许多同学对课程 C 颇感兴趣,一旦开设则愿意选修。基于此,学院党委开会充分讨论后决定,增补课程 C,可用于折抵课程 A 的学分,并上报教务处。为避免资源浪费,教务处也向其他学院学生进行宣传,鼓励感兴趣的学生选修。最终陈同学读完课程 C,修满学分,顺利毕业。

在申请设立课程的过程中,学院、辅导员一方面对陈同学进行了教育,让她意识到应当尽可能按照培养计划完成学业,有困难和问题提前与辅导员沟通;另一方面则对陈同学关心鼓励,助力其修读完成增开的课程后顺利毕业,并找到心仪的工作。

【案例分析】

高校管理工作是管理、服务、育人的多维融合。本案例涉及的是学生因未修满学分可能影响毕业的问题。学院及教师在不违背相关法规及政策文件的基础上，及时了解学生情况，迅速采取应对措施，并在这个过程中持续关注学生、服务学生，既做到依法依规管理，又坚持了育人的根本，以生为本，事件处理得有态度、有温度、有速度、有效度。

第一，明确管理目标，把握育人方向性。根据《普通高等学校学生管理规定》第三条的规定，高校要将管理与育人相结合，不断提高管理和服务水平。本案例中，从管理者的便捷性出发，陈同学因个人判断作出的选择本应由个人担责，但高校管理对象具有特殊性，学生既是管理对象，也是育人的根本。学院做出增加开课的决定，既是从育人的角度出发，站在学生的立场思考问题，想学生之所想，急学生之所急，解学生之困难，又是贯彻落实《普通高等学校学生管理规定》中"将管理与育人相结合"要求的体现。

第二，树立精准思维，细化管理的"颗粒度"。本案例中，辅导员在大四最后一个学期没有精准把握班级学生的具体学习情况，提前发布学业预警提示，存在一定的疏忽，从而启示学生工作人员在日常工作中应有的放矢地了解每一个学生，有条件的可以建立学生个人成长档案，规范管理流程，提升管理的精细度。

第三，聚合多方资源，提高育人协同性。本案例中，开设一门课程，涉及专业课教师、学院、教务处等多方主体。各方主体在充分协商后，在不破坏学校正常教学管理秩序的前提下，从保障学生合法权益出发，积极协同联动，开设课程，加强了学生教育培养，也契合全员、全程、全方位育人的要求。

（撰稿人：朱芳婷、缪晶晶）

灵活处理退伍学生体育课免修问题

【案例简介】

A 校为支持国防教育事业,鼓励大学生参军入伍,为退伍学生提供了优待政策。按学校《本科生学籍管理条例》规定,退伍后可免修专业教学计划中的体育课,并将成绩记为 84 分;若自行选修体育课并获高分,可在成绩管理系统里实现"同一门课高分覆盖低分"。但在《普通高等学校学生管理规定》出台后,则会出现如果退伍学生免修体育课后自行修课,将导致同一门体育课有两条成绩同时在成绩单中显示,且第二条成绩标注为"重"。学校为继续保障退伍学生的优待政策,在对退伍兵免修体育课的成绩置入前,增加了一个步骤,即通过学院向学生确认是否要免修;对于确认要免修体育课的学生,才将其成绩置入84 分。

该校杨同学为退伍学生,在置入免修体育课成绩时,教务处通过学院与其确认是否免修体育课,杨同学给予了选修体育课的明确答复。但在学校选课时间段,该生因记错时间而错过选课,考虑下学期课程较多,不想在下学期选修体育课,故又向教务处申请免修。教务处收到申请后,会同学生所在学院领导商议,并对该生进行诚信教育和规则意识教育。经商议,最终同意该生申请,并告知,若之后选修体育课并获得成绩,将按照《普通高等学校学生管理规定》处理,两条成绩均将记载在成绩单上。

【案例分析】

本案例涉及退伍学生体育课免修及其成绩的处理问题。案情事实清楚,规定明确。学校在处理过程中不仅兼顾了相关条例的合法合规,也兼顾了"以学生为中心"的管理理念,并将诚信教育贯穿于管理育人的过程中,真正做到了"服务育人""管理育人"。

第一,建章立制,灵活管理。《普通高等学校学生管理规定》第二节第十八条明确规定:"学校应当健全学生学业成绩和学籍档案管理制度,真实、完整地记载、出具学生学业成绩，对通过补考、重修获得的成绩，应当予以标注。"按文件要求，若该校退伍兵自行选修体育课后，成绩管理系统中则会出现两条体育成绩，且第二条成绩标注为"重"。出于对退伍兵优待政策的保护，教务处运用灵活变通方式，通过学院让退伍兵获知体育课分数置入的变更情况，并向退伍兵确认是否需要免修；对于确认需要免修的学生，才将其成绩置入为84分。这种灵活变通方式不仅让学生有了必要的知情权，了解到了学校政策的相应变化，还充分尊重了学生的自我选择权，满足了不同类型同学的不同需求。

第二，以人为本，尊重学生。杨同学在遇到选课失败情况后，向教务处提出免修申请，虽与之前给予的承诺相违背，但教务处仍从以学生为本、尊重学生的角度出发，同意该生申请。杨同学的行为虽在一定程度上给学校正常的教学管理秩序造成了影响，但并没有违反《普通高等学校学生管理规定》。教务处决定灵活操作，在尊重规则的基础上，最大限度地满足学生需求、尊重学生，接受同学申请，并明确告知如再自行修读并获得成绩，该门课的两条成绩均将记载在成绩单上，第二条成绩将标注"重"，且不能提出删除低分申请。教务处的解决方案充分体现了以人为本、尊重学生的理念。

第三，立德树人，诚信育人。诚信教育是学校道德教育的重要内容之一。杨同学的失信行为虽没违反相关条例，但缺乏诚信意识和规则意识，并会对校园风气造成不良影响。针对此情况，教务处在同该生所在学院领导进行商议的同时，对杨同学还进行了诚信教育，让他充分认识自身问题与不足。

（撰稿人：张晶星、代曼）

保障学生学业成绩核查权利

【案例简介】

A校陈同学在大三申请奖学金时查询自己学业成绩,发现大一时的一门课程成绩不及格。该生认为自己认真复习,且试卷难度不大,成绩不应该不及格,认为是老师记录错了成绩,遂向教务处提出书面核查申请。教务处根据《A校学籍管理规定》,认为学生有核查的权利。但事情已经过去很久,针对核查权利是否还在时效,教务处协同学院及相关部门进行了讨论。最终认为,由于目前的学籍管理规定里并未明确权利的时效,本着以生为本的宗旨,同意该生进行成绩核查,向学生和所在学院发出了同意核查的决定书。同时教务处立刻启动程序,成立了由教务处负责人、学院教学负责人及学院教学秘书组成的工作小组,本着从严、从细、从实的原则,共同对该生该门课程的试卷、分数记载情况进行复核。

经工作小组成员的认真梳理,发现该生平时缺课较多、课堂作业没有及时完成,故平时成绩不及格。期末考试的卷面成绩虽然及格,但分数并不高,按照学籍管理规定,"综合成绩=平时成绩×60%+期末成绩×40%",最终综合成绩不及格。综上所述,教务处认为该生成绩记载真实无误,并将核查结果以书面形式详细告知该生。告知书中着重解释了综合成绩的计算标准,强调了平时成绩的重要性,并提醒学生针对综合成绩异议,应及时提交核查申请。学院和辅导员也与该生进行了谈心谈话。经过宣传教育和积极引导,该学生最终认识到自己平时表现不好是造成综合成绩较低的主要原因,表示以后会端正学习态度,强化日常学习,并且会按照学校教学规范,严格自身行为。

【案例分析】

在本案例中,学校批准学生的成绩查验申请,保障了学生的合法权益。同时,也对该生进行了积极的教育、引导,让学生充分认识到自身存在的问题,认识到规则的价值和意义。具体而言,本案例有以下做法值得推广。

第一,建章立制,保障学生合法权益。《普通高等学校学生管理规定》第六条规定,学生在校期间依法享有"在思想品德、学业成绩等方面获得科学、公正评价,完成学校规定学业后获得相应的学历证书、学位证书"的权利。第十八条也要求,学校应健全学生学业成绩和学习档案管理制度,真实、完整地记载、出具学生学业成绩。学校本着以学生权益为中心的理念,在符合上位规范性文件的基础上,制定校内管理办法,完善校规校纪,赋予学生核查成绩的权利,是保证学生的学业成绩得到公正评价、规范学校教学活动的重要体现。

第二,教育引领,深挖管理工作育人元素。本案例中,教务处通过科学、规范、人性化的管理方式,营造治理有方、管理到位、风清气正的育人环境,深挖了管理工作的育人元素。通过书面告知书的方式,学院、辅导员采用谈心谈话的形式,对学生进行了教育引导,把规范管理的严格要求和春风化雨、润物无声的教育方式结合起来,一方面让学生了解到了自身学习中存在的问题,另一方面也让学生感受到学校以学生为本、服务学生、引导学生的初心。这是依托教学管理行为采取的有效的育人方式。

第三,完善制度,发挥引领功能。规章制度具有引领作用,本案例中,《A 校学籍管理规定》仍可进行进一步完善,如设置合理的期限,促使学生及时行使相关权利,维护自身利益。若未在规定时间内行使权利,则视为放弃。日后再行主张,不予受理。学校通过完善制度,让学生明确"什么行为可以做,什么行为不可以做",充分强化制度的引领功能,为育人提供坚强支撑保障。

（撰稿人:宋瑞、朱辉）

三、转专业及转学

随着高等教育的发展,高校招生规模不断扩大,我国高等教育已进入普及化阶段,实现了从大众化高等教育到普及化高等教育的转变。然而,由于高校专业招生指标的限制,很多考生无法进入自己喜爱的专业学习。同时,考生在填报志愿选择专业的时候,具有一定的盲目性,会受到来自外界和自身的多种因素影响。这些因素的综合作用导致部分学生进入大学后,发现之前对所报考的专业的理解存在一定偏差。因此,高校中不少学生想通过转专业来满足个人成长和职业生涯发展的需要。《普通高等学校学生管理规定》明确要求:"学生在学习期间对其他专业有兴趣和专长的,可以申请转专业。学校应当制定学生转专业的具体办法,建立公平、公正的标准和程序,健全公示制度。……学校根据社会对人才需求情况的发展变化,需要适当调整专业的,应当允许在读学生转到其他相关专业就读。休学创业或退役后复学的学生,因自身情况需要转专业的,学校应当优先考虑。"2018年,教育部颁布的《教育部关于加快建设高水平本科教育全面提高人才培养能力的意见》中也指出,允许学生自主选择专业和课程。

各高校应按照教育部要求,结合本校实际情况,从以下几个方面加强育人指导,帮助符合要求的学生顺利达成转专业的意愿。

第一,尊重专业兴趣,培养大学生独立自主能力。在填报高考志愿时,学校要积极培养学生的独立自主能力和专业兴趣。比如,学校可以开展讲解各专业的讲座。这样学生就可以根据自己的实际考虑自己比较适合哪个专业。学校还要对学生进行专业思想教育,从而使他们形成正确的价值观。这样学生就能在这个过程中逐渐形成自己对于事情的看法,从而找到自己感兴趣的专业和提高自身的独立自主能力。高校要做好入学前期的专业宣讲工作。这项工作能够使学生在步入大学校园后对本校的专业课程设置、学习要求、未来就业等情况有更直观的了解,确保学生能够自由、有序地选择转专业。

第二,优化专业设置,增加适应社会需求的专业。学校在专业设置上享有一定的自主权,应主动对接经济社会发展需求,让每个招生的专业都能够最大限度地发挥自身的作用,体现专业价值。适度削减选择人数相对较少的冷门专业招生人数,适度扩大热门专业、就业情况好的专业招生人数,让学生能够自由选择所学专业,不要发生不得已不选或不明情由地选的情况。这样才能激发学生的内生学习动力,使得学生学有所长、学有所获。优化专业设置可以减少转专业人数,既有利于学生学业发展,也方便学校管理。

第三,增设辅修专业学位,探索新型人才培养模式。为了更好地实施人才培养计划,培养复合型人才队伍,高校要积极探索第二专业辅修及实施双学位培养模式。转专业不能成为解决当前市场需求与高校办学实际唯一出路。在现行高校管理体制下,转专业仅仅能够满足大学生中极少数人的需求。高校通过制定实施第二专业、辅修专业制度给学生提供更加广阔的发展平台,使得他们学习和掌握得更多,从而丰富了知识素养,在未来的职场上能有更强的实力。

第四,树立规则意识,完善高校转专业制度。随着教育制度的逐渐完善,学校也应积极完善转专业制度。一方面,学校要积极帮助达到转专业标准的学生顺利进行转专业;另一方面,学校要积极调查学生的综合素质、学业成绩等,给想转专业的学生设置一定标准,确保学生有能力完成新专业的课程学习。可以考虑适当增加转专业的办理机会,在大学一年级、二年级每个学期初或学期末提供转专业办理机会,确保想转专业的学生有充分的机会办理相关手续。

总之,高校的转专业是一项系统工程。在当前的教育制度下,要实现学生自主选择专业还需要一个过程。各高校要结合自身的条件,强化专业设置,同时尽力放松对转专业的限制,最终实现学生自主选择专业,达到学有所长的目标。让高校的教学管理更加规范,既有利于学校、学生双方的发展,也能够培养出更多适合社会需要的人才。

以兴趣为导向的转专业制度探索

【案例简介】

周同学于 2012 年 9 月考入某高校 A 专业。在学校学习了 3 年后，他渐渐发现自己对这个专业缺乏兴趣。平时在学校参加社团活动时，他发现自己对日本文化和日本动漫方面有浓厚的兴趣。因此，周同学于 2015 年向学校提出申请，希望转入日语专业就读。周同学提出转专业申请时已经是三年级的学生，一般情况下，只有一、二年级学生才能申请转专业。周同学不符合学校正常转专业的条件。但该校的转专业条件中有一条规定：对拟转入专业有特殊兴趣的学生可以申请。周同学在向学校提出申请时，出具了他去旁听日语课程的记录以及一些自学笔记等材料，以证明他对日语有浓厚兴趣。

学校在审批周同学的转专业申请时仍存疑虑，如果同意周同学转专业，将面临两个问题。

一是日语专业与 A 专业培养方向完全不同，培养计划中要求的课程也截然不同。周同学转入日语专业后，只有一些公共课可以转换为日语专业的学分。日语专业培养计划中的语言类基础课和专业课他都需要从零开始学习。周同学何时才能毕业？他相当于从一年级开始重新读一个本科专业，正常情况需要 4 年时间。

二是转入日语专业后，如果他不刻苦努力，延长学籍期满后他也无法达到毕业要求，将来如何处理这个问题？

学校经过认真讨论，决定给周同学一个机会，批准周同学的申请。转入新专业后的周同学也明白自己站在新的起跑线上，开始新的征程。因此，他很珍惜这来之不易的机会，加倍努力，每天往返于教室和图书馆之间，努力学习日语。功夫不负有心人，他每门课程基本都在 80 分以上，有几门课还超过了 90 分。周同学学业进展顺利，在日语专业经过 3 年的学习，于 2018 年修读完成日语专业的本科课程，顺利毕业并获得学士学位证书。比正常日语专业学生提前一年完成学业。

【案例分析】

本案例讲述的是大三学生提出了转专业申请,学校结合学生具体情况,决定给予学生转专业机会。该事件的妥善解决体现出高校育人工作的开展坚持以学生为本,尊重学生兴趣,促进学生个性化发展。

教学管理者应该制定有利于学生发展的管理规定。从学生的实际情况出发,以学生为本,信任学生是教学管理工作需要遵循的原则。学校的主要功能是教育学生,为社会培养人才,因此在管理上也要围绕学校教育人的这一根本目的。本案例中学校以本校的转专业规定为依据,经过认真讨论,同时也充分考虑了周同学的诉求,体现了学校在教学管理中坚持以学生为中心的价值导向。如果能够在转专业制度中充分考虑学生的兴趣,给那些确有兴趣的学生一次重新选择的机会,将会有更多的学生成才和受益。当然,对于"确有兴趣"的评判,很难用量化的标准去衡量,如何合理判断值得我们去研究和探索。

本案例中的周同学从理工科转入文科,从转专业到延长学籍,直至毕业,用了6年时间,完成了他的本科学习过程。尽管比普通学生花费的时间长,但从培养人的角度来说,周同学终于如愿以偿进入自己喜欢的专业学习,为将来从事这方面的工作打下了坚实的基础。这一经历使他懂得:珍惜机会、坚持不懈的人终将能实现自己的理想。

（撰稿人:高孟姣、林佳男、李大豪）

弹性处理转专业学生课程免修申请

【案例简介】

2018 级唐同学参加 A 学院转专业招生考试后,获得转入资格,自二年级起进入 A 专业学习。根据新专业培养方案,该生需要补修新专业一年级的专业基础课程。

根据 A 校 2018 年学生手册《本科课程修读管理规定》第七条第六款,转专业的学生补修低年级课程的"确实已经掌握重修课程基础知识的学生,可向开课学院提出免听申请"的相关规定,学院建议唐同学申请无机化学课程免听。唐同学提出申请:他在转专业复习阶段,系统地自学了无机化学一学年的专业知识,并且通过与该专业高年级学生的联系,认真学习了课堂笔记,完成了课后习题,且转专业考试成绩优秀,确实已经掌握了无机化学专业知识,适用 2018 年学生手册《本科课程修读管理规定》第七条第五款,"成绩优秀或者学有专长的学生,通过自学确实已经掌握某门课程者,可向开课学院提出免修申请"的规定。学院教学指导委员会就唐同学的申请,提供的笔记、习题,转专业的考试成绩,无机化学教研室主任意见等材料进行了讨论,最终决定给予该生免修考试机会,并由无机化学教研室主任出卷,要求对无机化学一学年课程的知识点全覆盖、有难度。唐同学免修考试成绩为 92 分。学院同意其免修申请,并在期末成绩中以此分数录入。

【案例分析】

该案例初始矛盾点主要集中在转专业学生适用"免听不免修"或"免修"相关条例中的哪一项。学院教学指导委员会认为,2018 年学生手册中《本科课程修读管理规定》第七条第五款和第六款,并不互相冲突,申请的主体为学生,转专业学生也具备学有所长此项条件,可以根据自身学习情况选择申请"免听不免修"或"免修"。教育部《普通高等学校学生管理规定》中指出,要坚持依法治校,科学管理,健全和完善管理制度,规范管理行为,将管理与育人相结合,不断提高管理和服务水平。学校在处理转专业学生课程学分转换问题中，要积极探索课程考核方式改革，注重过程性考核成绩，在不违背相关规则制度的前提下，可以探索多样化的成绩考核和转换方式。这样可以大大提高学生学习的积极性和主动性，注重日常学习能力的培养。不拘泥于重修的设定，避免因形式主义加重学生不必要的学习负担。

本案例给予我们如下启示。

第一，坚持以学生为本，建立健全现代教学管理制度体系。学校在教育管理中，要着力体现以学生为本的现代教学理念，增强教学管理的弹性，强化教学管理制度的服务内涵，形成以学生自主发展为特征的符合时代和社会发展及学生身心发展规律的现代教学管理制度体系。育人为本是教育工作的根本要求，因此，高校的学籍学历管理工作要突出学生的主体性，给学生以尽可能大的发展空间，根据学生个性需求及特点培养适合社会发展的各类人才。

第二，充分考虑学生诉求，保障学生切身利益。学籍学历管理工作关系每一位学生，在制度设计上要充分考虑学生的要求和利益；在制度执行过程中，学校的各级管理人员一方面要做到以事实为依据、以制度为准绳，另一方面又要对学生进行情感关怀，对学生多一些宽容和理解，使学生在和谐的校园环境中成长。

（撰稿人：庄云鹤、林佳男、李大豪）

正确引导学生转专业和生涯规划

【案例简介】

A 校在《A 大学本科生学籍管理规定》和《A 大学一年级本科生转专业（方向）实施办法》中，对于各类转专业情况都进行了相关的具体规定。规定中既有针对学习成绩优秀的学生和特长生申请转专业的相关规定，也有针对学习困难的学生的转专业规定。

马同学是 2018 级经济与管理学院 A 专业学生。该生大一绩点排名专业第一，申请转入计算机学院 B 专业，并通过面试被录取。而后该生又想放弃转专业，原因是经过与老师及原专业高年级学生沟通后，发现原专业可以有很多途径实现自己的人生规划，而且未来就业方向也很好。随后，该生向学校提交申请放弃转专业，继续回原专业学习。经转入学院和转出学院商量，报教学管理委员会讨论通过，学生回原专业学习。

A 专业同一年级另一名祖同学，因绩点排名不够，无法像前述马同学一样转专业，但该生多次找经管学院院长沟通，要求转专业，而所转专业也是 B 专业。教务处得知此情况后，找到该生了解其想法。通过沟通，发现该生对现专业有些迷茫，对未来规划比较模糊，入学时是被调剂到该专业的，现在听从家长的愿望，希望通过转专业到 B 专业学到更多计算机知识。于是，教务处联系学院教学院长、学院教学负责人、专业教师、辅导员等从专业特色、培养目标、就业方向等不同层面给予学生指导，使得学生对自己的专业认识更加清晰，对职业发展更加明确。最终该生打开心结，主动与学院联系，放弃转专业。

【案例分析】

因高中阶段对大学专业选择介绍信息的匮乏，不少学生在入学之初选择专业是盲目的，造成了入学后的不适应，甚至出现厌学、消极懈怠等消极情绪，直接影响了学生对未来的职业规划及自身发展。大学生专业选择问题不容忽视。高校在开设大学生职业生涯规划课程的基础上，可以进一步开办相关课程和系列讲座，以一门课程或以一系列讲座的形式来开展专业选择指导，帮助学生了解专业设置，提前规划职业生涯。此外，专业调剂是我国多年来高校录取的一种常态。虽然部分考生能够接受被调剂的专业，但通常对于所报的后几个志愿专业，其满意度、适应度往往不高。很多学生和家长对高校专业设置并不太了解，为了能上比较满意的学校，填报志愿时具有盲目性，随意追求当下热门专业，又因高考分数限制，一方面任凭专业被调剂，另一方面也将希望寄托在入学后转专业上。专业选择是人生发展规划的重要组成部分，需要长期了解和关注，需要几年甚至更长的时间来完成。家长和学校应当高度重视学生的专业选择问题。学生的任务不只是学习，更是不断发展以达到自我实现的目标；家长应当关注、尊重孩子兴趣，并给予鼓励和支持；学校也应当尽可能地助力学生的发展。

通过上述案例，我们发现转专业是实现学生兴趣与特长的有效途径，但是盲目地转专业，只能解决眼前的问题。从管理育人角度，我们更多地需要对学生进行职业发展教育与引导，帮助他们找到最适合自己的专业，而不是最热门的专业。

本案例中该高校的解决办法值得借鉴：学校教务部门、学院教学院长、专业教师、辅导员应密切配合、多方联动，主动关注学生在学业及转专业等方面的思想动态，加强疏导和引导，使学生正确认识所学专业的发展前景，积极规划自身的职业发展，将管理育人融入学生大学学习生活的每个重要时间点。

（撰稿人：李永斌、林佳男、李大豪）

强化引导转专业学生的专业学习态度

【案例简介】

2019年4月，A校王同学转专业成功，9月将到新专业2019级学习。但2019年9月新专业管理者表示不再接受该生，原因是根据收到的学业预警名单，王同学达到退学条件。根据转专业管理办法，新专业管理者可以选择不接受转入，因此提出该学生需回到原专业学习。

经了解，王同学达到退学条件主要是因为4月转专业成功后，认为新专业不需要学习原专业的课程，所以在期中将原专业课进行了大批退课，且期末考试出现两门挂科，导致大一下学期获得学分过少。但王同学认为，她转专业后是进入2019级学习，修读年限是2019—2023年，本人也将从大一重新在新的专业开始学习，因此学分计算应该以新专业的学年为起点重新开始，所以不应该被退学。

根据学校转专业管理办法以及学籍学历管理规定，退学条件的学分计算从入学起算，而不是以所在年级为基准起算，因此按照该生2018年入学计算，其在大学第一学年所获的学分情况，达到了退学条件。同时，该生虽然转专业成功，但还需完成该学期的学习任务。从该生的退课以及挂科情况来看，并没有认真完成学习，因此新专业管理者可以选择不同意其转入。

经过沟通，学校将情况与该生进行了具体说明和解释，使该生重新认识了相关管理办法，并取得认同。基于上述情况，学校教务处会同学生原学院、所属书院进行了情况通报。根据学校缓退试读管理办法，学生第一次达到退学条件，可以申请缓退试读。出于最有利于学生成长的角度考虑，学院和书院同意了该生的试读申请，同意该生回到原专业进行学习，给予该生再次学习的机会。另就学生的后续学习进行了讨论，拟定了新学期的课程修读计划，给予了专业学习的建议。

书院基于此情况，在学生中进行了学籍学历管理规定的再次解读和教育，并强调了端正学习态度，增强了学生的规则意识。

【案例分析】

本案例中，该生在转专业成功后，就出现自我放松行为，没有认真对待学习，没有认真了解学校相关管理办法，自行做了鲁莽决定，出现危及学业的情况。此情况下，学校同意了新专业管理者不予转入的决定，予以从严管理，给学生以警示，促使学生端正学习态度。同时，学校以学生成长为重，支持学生把握学习机会。在学生认同学校处理标准并认识到自己的错误时，学校应采取积极措施，在管理办法允许之内，从有利于学生培养的角度，进行多方沟通协调，给予学生改过的机会。相信学生能够重新拥有专业学习的机会，并以此为契机进行教育，促使学生珍惜学习，从而投入更好的状态。

各高校要做好学业预警提前警示，避免发生类似的情况。该事件的根源在于学生对学习的轻视以及对管理规定的忽视。除了对其本人进行教育外，还要对更多学生加大规则的宣传力度，促使学生重视规则，避免触及底线，影响继续学习。高校学籍学历管理应从上述案例中吸取经验。一是在学生提出转专业的申请时，辅导员和相关教师应与意向转专业的学生开展深入的谈话交流，分析其转专业的原因以及他们对转专业的困惑。二是在充分了解学生具体情况和内心真实诉求的基础上，分析学生转专业是内在因素占主导，还是外在因素占主导，抓住学生转专业的主要原因，通过积极开展思想工作，尽量使学生保持心态和学习劲头的稳定性。从兴趣与能力、就业前景等多个角度予以适当的引导，使学生能够清楚地了解转专业的利与弊，对本专业有更加深刻的认识，树立学习目标，坚定专业方向，减少转专业的盲目性，避免转专业跟风现象的发生。三是要跟进拟转专业学生的学业动态，予以关注和指导，避免出现在转入新专业前放松原专业学习，出现学业预警等情况。

（撰稿人：谢雨杉、林佳男、李大豪）

谨慎判断转学理由的合理性

【案例简介】

孙同学于 2016 年 9 月从 T 市考入 B 市 A 校金融系。在校期间,其学习刻苦努力,认真学习专业知识,成绩优良;在生活中,乐观上进,团结同学、尊敬师长,积极参加各类社会实践活动和社会工作,无水土不服等不适应情况。

2019 年,该生在转专业未果的情况下提出转学。其提出转学的理由是,B市高校理科氛围浓厚,学科设置和培养体系侧重于理论建设和科学研究,对学生实践能力的培育有所欠缺,不符合该生的求学需求;并认为,S 市某高校有更多工程实践机会。因此,作为在 B 市求学的 T 市生源学生,提出转学到第三地 S市某高校。

S 市转入高校根据《普通高等学校学生管理规定》受理了孙同学的转学申请,并按照校内相关程序进行办理。S 市转入高校对孙同学提交的申请书、成绩单等相关材料进行了审核,并专门为孙同学组织了笔试、面试和心理测试,经过各部门慎重讨论并通过校长办公会审议后,决定同意该生转入。

此后,S 市转入高校将转学申请报转入省(市)教育主管部门确认,最终 S市教育主管部门不予通过该生的转学申请。

【案例分析】

S 市教育主管部门最终未通过该生转学申请的原因是转学理由不合理。那么该生的转学理由为什么不合理呢?

本案例中孙同学的转学理由为,认为 B 市高校对学生实践能力的培育有所欠缺,不符合自己的求学需求,而认为 S 市某高校有更多的工程实践机会。B市转出高校在与 S 市转入高校协商时也提出,该生不符合转出高校转专业条件也是其申请转学的原因之一。但以上这些理由均不符合《普通高等学校学生管理规定》对于转学理由的规定:"因患病或者有特殊困难、特别需要,无法继续在本校学习或者不适应本校学习要求的,可以申请转学。"该生未患病,也没有特殊困难、特别需要,在 B 市高校成绩优良、表现良好,也未出现不适应学校学习要求的情况。至于实习实践,在哪所高校并不影响其通过自身努力获得用人单位的实习实践机会。若该生同类情况均可自由转学,将会严重影响高校教育教学工作的正常开展。

什么样的转学理由是合理的,什么样的转学理由是不合理的? 要回答上述问题,首先要了解转学规定的政策背景。《普通高等学校学生管理规定》关于转学理由的具体表述是:"学生一般应当在被录取学校完成学业。因患病或者有特殊困难、特别需要,无法继续在本校学习或者不适应本校学习要求的,可以申请转学。"这段表述中有两个重点,即"一般应当"和"不得不转"。

"一般应当"意味着绝大部分学生都应该在被录取学校完成学业,转学是小部分学生的救济途径,不是面向所有学生的两次选择机会,更不是转专业失败后的备选补救方案。"不得不转"意味着这小部分学生存在着不转学则无论如何都无法继续学业的原因,如:本人水土不服致病,急需家乡家人照顾;或家乡家人重病,急需学生照顾;等等。

正如前文所述,转学政策制定考虑的是极小部分需要救济的群体。政策执行过程中需要兼顾不干扰高校正常教育教学秩序及确保不打破高考制度的公平与公正。

B 市转出高校只考虑了学校转专业公平的小范围平衡,未考虑到同意该生转学打破的是大范围高考政策的平衡;S 市转入高校关注重点在该生是否符合学校招收条件上并做了大量论证,却忽略考虑其转学理由是否合理。这两种工作方式都是不可取的。

（撰稿人：余梦梦）

正确理解高考成绩不可比情形对转学的限制

【案例简介】

周同学于 2018 年 9 月通过内地西藏班考入 S 市 A 高校历史学系。其自述由于学习基础、学习能力和其他同学差距较大，学习进度无法跟上学校正常教学计划，学业压力较大，慢慢产生了心理障碍并发展成中度抑郁症。为了方便在家人的照顾下就近治病并继续学业，周同学于 2020 年 9 月申请转回 X 省某高校就读。X 省转入高校 2018 年未招录内地西藏班学生，存在无法明确比较周同学当年高考成绩与转入学校专业最低分的情形。S 市转出高校及 X 省转入高校考虑到学生的病情，同时，认为转出高校排名水平等均明显高于转入高校，于是同意了该生的转学申请。此后，S 市转入高校将转学申请报转入省（市）教育主管部门确认，但 S 市教育主管部门最终不予确认通过。S 市教育主管部门最终未确认通过该转学申请的原因是高考成绩不可比。

【案例分析】

根据《普通高等学校学生管理规定》，学生高考成绩低于拟转入学校相关专业同一生源地相应年份录取成绩的，不得转学。该生为内地西藏班学生，在 S 市参加高考，考试科目、录取方式等均与 X 省普通学生存在区别。因此，周同学申请转入的 X 省转入高校专业当年招收的普通学生考试科目、成绩、录取方式等与周同学存在无法比较的情况。高考成绩不可比，也就意味着无法确认其成绩是否低于拟转入学校相关专业同一生源地相应年份录取成绩。

S 市转出高校与 X 省转入高校均认为，转出高校的国内排名、教学水平等明显高于转入高校，在这种存在"显而易见"差距的前提下，是否可以不"拘泥"于比较高考成绩？答案是否定的，分数不可比，意味着转入高校当年并未招录该类学生，也就意味着退回到周同学高考当年，他无法考进转入高校；若能转入，则违反了高考公平的底线。

如何正确理解"高考成绩低于拟转入学校相关专业同一生源地相应年份录

取成绩的"这一限制性红线规定？

一是高考成绩低于转入学校相关专业录取成绩的政策出发点是维护高考公平公正。转学是对特定学生的救济性政策。政策执行过程中需要兼顾不干扰高校正常教育教学秩序及确保不打破高考制度的公平与公正。用通俗的话说，这一限制性规定可以解释为，学生退回到高考当年，可否考入转入学校。比如，转入学校当年在学生生源地不招生，甚至该专业当年均未招生，学生高考当年无法考入却通过转学转入，则违反高考公平底线。

二是高考成绩低于转入学校相关专业录取成绩的前提是分数可比较。"高考成绩低于拟转入学校相关专业同一生源地相应年份录取成绩的"，这一政策表述中有"相关专业""同一生源地""相应年份"等几个因素。因此，比较分数时应该同时满足以上所有因素。若转入专业在学生高考当年不招生，或未在学生生源地招生，或该年份该专业不招生等，均为不可比较的情形。此外，在部分省市实行高考改革后，对比分数时，还应注意选考科目要求，分数高于转入专业当年最低分而选考科目不符合要求，也是不符合转学条件的。

（撰稿人：余梦梦）

如何判断入学是否满一学期

【案例简介】

李同学于 2015 年 9 月通过艺术类特殊招生形式考入 J 省 A 高校广播电视编导专业。其报到后即申请休学一年。休学时间为 2015 年 9 月至 2016 年 9 月。2016 年 9 月休学期满后,该生复学并留级至 2016 级,随即于 2016 年 10 月以水土不服适应障碍为由申请转学回 S 市,并于 2016 年 12 月向 S 市 B 高校提出了转学申请。

S 市 B 高校在收到该生转学申请后,根据《教育部办公厅关于进一步规范普通高等学校转学工作的通知》(教学厅〔2015〕4 号,以下简称《原转学通知》)文件的要求,受理了其转学申请,并按照校内相关程序办理。S 市某高校了解情况后,认为该生因水土不服适应障碍,需要在家庭所在地接受治疗和家人照顾的转学理由正当。S 市 B 高校经核实,认为该生提供的转学申请、转出和拟转入学校指定医院出具的检查诊断证明、记载有该生信息的省级招生部门录取新生名册复印件、拟转入专业当年相同生源地录取最低分学生的省级招生部门录取新生名册复印件、转学申请(确认)表等材料真实有效。且该生高考成绩高于转入高校当年在该生生源地 S 市的最低录取分数。S 市 B 高校各部门研讨后,同意接收该生。并于 2016 年 12 月召开校长办公会议通过后,进行了公示。

经过校内程序后,S 市 B 高校将转学申请报转入省(市)教育主管部门确认,但 S 市教育主管部门最终不予通过。

【案例分析】

S 市教育主管部门最终不通过该转学申请的原因有两个。

一是该生高考时参加的是艺术类特殊招生形式。在《普通高等学校学生管理规定》于 2017 年 9 月 1 日施行之前,高校学生转学工作主要依据《原转学通知》。《原转学通知》规定"学生有下列情形之一,不得转学⋯⋯通过定向就业、艺术类、体育类、高水平艺术团、高水平运动队等特殊招生形式录取的"。S市某高校只简单对比了李同学高考成绩与该校在其生源地的最低录取分数，忽略了该生为特殊招生类型，其考试科目与普通招生类型不同，因而成绩与普通招生类型下产生的最低分无法公平对比。

二是该生申请转学时实质入学未满一学期。《原转学通知》规定，"学生有下列情形之一，不得转学：（1）入学未满一学期的"。该生于2015年9月入学J省A高校，2016年10月申请转学，看似未违反"入学未满一学期"这一限制性规定，但该生入学即休学一年，休学期满后一个月随即提出转学，实际在校时间仅1个月，未完成大学一学期任何课程。入学未满一学期不得转学的政策初衷是其在校时间过短，无法判断学生是否适应学校生活。具体到本案例，李同学虽形式上看似已经入学满一年，但实际在校时间仅1个月；李同学转学理由为水土不服适应障碍，在校时间仅1个月的情况下，还处于适应状态的正常时间内，无法得出其不适应的结论。

本案例主要核心点有两个：一是特殊类招生形式不得转学，二是入学未满一学期不得转学。因本案例发生于2016年底2017年初，当时的转学相关规定与现行政策略有不同。因此，本案给各高校相关工作人员可带来两个方面的启发。

一是关于"特殊招生形式不得转学"。《普通高等学校学生管理规定》颁布后，《原转学通知》不再施行，原限制性规定"特殊招生形式不得转学"已取消。但这一限制性规定的取消并不代表所有特殊招生类型都可以转学，转学工作还受限于不得违反高考公平这一原则，且特殊招生类型的入学考试与成绩往往无法比较。因此，还要在具体工作中具体分析，逐一甄别。

二是关于"入学未满一学期"。从本案例的分析中可以看出，这一规定应结合政策设定的初衷，从学生实质状况来看，而非简单拘泥于时间形式上的长短。具体工作中，若遇到入学未满一学期的学生提出转学，学校应耐心劝导并主动帮助学生调整心态、积极适应学校生活。学生经过一学期的学习后仍然无法适应的，还可以再提出转学申请。

（撰稿人：余梦梦）

四、休学、复学与退学

休学、复学与退学等学籍变化属于学籍异动，是高校学籍学历管理工作中常见的也是最重要的工作，往往直接影响变动学籍学生的成长，乃至今后人生道路的发展。因此，在规范相关学籍学历管理工作的过程中，应充分发挥其育人的功效。本部分内容对高校日常学生事务中可能出现的休学、复学与退学的情况进行了简要梳理和总结，并结合相关法律条文进行规范解读，对处理方式、经验进行归纳和总结，供各高校相关管理人员参考。

《普通高等学校学生管理规定》第二十五条至第二十九条，对休学的情形、休学复学手续等做出了具体规定。在常见的高校学籍学历管理案例中，以创业休学、退役士兵复学两类较为典型。

《普通高等学校学生管理规定》第三十条、第三十一条，对退学的情形、相关手续等做出了规定。其中，第三十条对"可予退学"的情形进行了授权性规定，高校可根据具体情况裁量是否做出退学决定。这是在现实退学处理中最重要的依据。在学籍学历管理过程中，各高校在制定各自的学生学籍管理办法时，会根据该条款来就"可予退学"制定更加明晰的具体标准和操作细则。

在休学、复学与退学的处理过程中，需要学校把规范管理、指导服务贯穿于人才培养的全过程，将管理育人的理念贯穿始终。这主要体现在以下几方面。

一是强化规则意识，寓"规则教育"于管理之中。一方面，高校学籍学历管理工作本身要做到有法可依。制定完善高校学生管理的规章制度体系，才能在进行管理处理时有据可依、有据可查。另一方面，在完善管理规则的同时，还应强化规则解读学习，帮助学生明确自己的权利与义务以及违规违纪行为可能承担的责任。特别是在新规则制定或修订后，必须进行详细的宣传教育，才能真正有利于相关规定、办法的贯彻落实。可以以典型、易发案例为素材开展主题教育，帮助学生形成法治观念，提高规则意识。

二是增强程序意识，让管理工作有序可循。一方面，学校要高度重视程序正义这一基本价值追求，健全操作程序的配套规定，为规范、有序地推进高校管理工作提供有力保障。另一方面，在严格照章办事的同时，对学生合法合理表达诉求做出规范化的指引，帮助学生形成程序意识。这样既保证了管理工作的公平公正公开，同时也保障了学生权益。

　　三是强调以生为本，注重服务理念的融合。规范管理，特别是休学、复学与退学的规范管理，说到底，是为了对学生形成更好的警示作用。通过规范指引学生开展有效的自我规划、自我管理，提升人才培养质量，促进学生健康成长。在此过程中，高校管理者更需要找准定位，既要承担好管理职责，又要做好管理服务工作。在现实工作中，休学、复学与退学，往往跟学生的学业规划发展紧密相关。在多数休学与复学的案例中，都需要高校管理者积极引导学生分析形势、合理规划学业、慎重做好选择，营造有利于学生成长成才的学习环境和发展空间，从而帮助学生更好地调整自身状态、找准未来方向、快速融入校园生活。在一些因学业问题可能面临退学的案例中，更需要高校管理者及时帮扶、持续跟进，帮助学生抓住学业预警试读等机会，平稳度过危机。当学生面临退学处理时，也还是应当关心学生，帮助他们知晓如何承担责任，并为他们继续发展提供合理的建议和帮助。

坚持退学程序的公平公正

【案例简介】

A 校本科大四学生王同学,系国家贫困计划专项生。该生学期平均绩点(GPA)第二次低于 1.7,且学期获得的学分不足该学期总学分的 50%。

A 校在 2019 年 9 月开学后向王同学发出退学处理预通知书,告知其因上一学期绩点低于 1.7,且所获得学分不足学期总学分的 50%,根据 A 校《本科生管理规定》,王同学的情况未达到学校试读标准,不能申请试读,按规定应予退学处理。同时,A 校告知王同学在收到退学处理预通知书后,应核查所修读的课程和成绩。对课程或成绩有异议的,可向教务处提出书面复查申请;亦可向教务处申请复核平均绩点(GPA);对复核结果有异议的,学生享有向相关部门陈述、申辩的权利。

收到通知书后,王同学及其家长寻找各种理由拒绝退学。先是认为某任课老师给出的成绩不合理,提出复核成绩,要求任课老师修改成绩。经复核后,A 校认为任课老师给出的成绩无误并及时反馈给学生和家长。随后,学生和家长又向学校信访,要求保留学籍,给予试读机会。

由于该事件所涉及的事实清楚、规定明确、程序规范,符合《普通高等学校学生管理规定》以及 A 校《本科生管理规定》的相关条款,故信访办公室认为信访人的要求缺乏事实或法律依据,为维护本科生管理规定的严肃性,保证对每位本科学生的公平和公正,对其信访请求不予支持。

随后,经校长授权的学籍会议研究决定,对王同学予以退学处理。但在退学处理决定公文流转期间,王同学主动要求办理退学。考虑到学生主动申请退学属于该生自己的权利,不侵害其他学生利益且对该生自身有益,A 校最终同意了王同学主动退学的请求,终止了退学处理决定公文的流转,以该生申请退学结束。

【案例分析】

本案例涉及的是学生因学业成绩未达到学校要求而予以退学的问题。案情本身事实清楚、规定明确。该校通过一系列合法合规的处理行为，向学生和家长展现了高校管理的规范、公平、公正，在整个事件处理过程中既做到了程序正当，也实现了对学生权益的保障。

第一，坚持程序正义。A校在对学生进行处理前，先以退学处理预通知书的方式向学生阐明了拟予退学处理决定的事实、理由及学校《本科生管理规定》中的对应条款，并告知了学生相关救济权利和途径。这一做法符合《普通高等学校学生管理规定》第五十五条的规定。该生和家长也的确使用了救济权利和途径。此外，面对学生和家长试图通过信访方式对教务部门施压以获取试读机会的情况，学校始终严格按照A校《本科生管理规定》进行处理，对学生和家长的不合理要求不予支持。学校严格按照规则规定办事，做到有法必依，实现了公平公正。

第二，保障学生权益。当学生和家长信访无果提出主动退学申请时，学校考虑到该行为属于学生个人权利的行使，且未侵害其他学生利益，故在未作出正式决定前，学校同意该生申请退学请求。这样的做法和处理结果在一定程度上维护了学生权利的行使。

（撰稿人：李丽、王沁怡）

情法兼容处理学业预警的退学问题

【案例简介】

A 校原 2017 级汪同学,在 2017—2018 学年第二学期结束时,不及格课程达到 4 门次,不及格学分达到 12 学分。根据 A 校《本科学生学业预警与试读管理办法》第二条第二款之规定,学校对该生予以学业预警,并对其做出试读一学期的决定。试读期为 2018—2019 学年第一学期。

汪同学受到预警后,学院及时联系汪同学及家长,告知汪同学如果试读考核不通过,会面临退学的处境。同时,学校、学院还对汪同学积极采取了系列学业帮扶措施。如:统筹资源安排,每周为汪同学补课,并由辅导员进行严格考勤;开设学科基础课程、专业必修课程的校内自习辅导和坐班答疑;通过"小老师"的形式,安排学习成绩好又热心的同学对汪同学进行帮扶,还安排班干部、寝室同学对其进行学业监督。学校、学院对汪同学试读期间的学习进展进行了全过程跟踪。辅导员定期与汪同学直接面谈、与任课教师沟通了解学习情况、向同班同宿舍学生了解学习状态等,并建立了试读生管理档案,详细记载汪同学从进入试读到最终解除试读或退学的过程中学校所采取的相关举措,其中含纸质和音频材料等。

试读考核学期结束时,汪同学不及格课程达到 4 门次,不及格学分达到 14 学分。根据该校《本科学生学业预警与试读管理办法》第二条第三款及第四款之规定,该生试读考核未通过,予以退学。汪同学收到相关通知后,于 2019 年 3 月办理了退学手续。同年 5 月致函上级教育行政部门,对学校的学业预警、试读制度提出异议,并要求返回学校继续就读。

对于学生和家长提出的异议,A 校根据实际情况作出如下说明。A 校于 2017 年 9 月新修订颁布了《本科学生学业预警与试读管理办法》。此办法是依据《普通高等学校学生管理规定》精神,在调研国内其他高校预警试读制度的基础上,结合学校实际研制而成;2018 年又进行了优化修订。新办法在推行时就通过学生手册教育和考试、微信推送、网站公告等多种方式,在全体学生中进行了宣传教育。学校在对汪同学做出予以学业预警、试读一学期的决定后，学校、学院及时进行了学生教育、家长通知工作，并积极采取了一系列帮扶举措和全过程跟踪记录。然而，汪同学最终还是未能通过试读考核，学校只能依照办法予以退学。在汪同学办理退学过程中，学院也多次与其本人和家长进行沟通，鼓励其正确面对挫折，选择重新复读、参加成人教育或者进入社会工作，同时给他联系了学校周边的工作岗位，以解决其生活问题。

学校将汪同学情况及学校处理流程函复上级教育行政部门，上级部门驳回汪同学诉求。

【案例分析】

本案例涉及的是试读预警学生退学的问题。本案例中，从对汪同学作出学业预警、予以试读一学期的决定，到试读期间学业帮扶，再到汪同学试读期考核未通过，最终予以退学，学校、学院在整个处理过程中都做到了有理有据，对试读预警学生情法兼容，值得借鉴和学习。

第一，新法有宣传，有法必遵循。本案例中，A校在推行新办法时，通过多种方式开展了充分的政策宣讲，做到了多模式、全方位、全覆盖的宣传教育和政策解读，尊重和保障了学生的知情权等合法权益。在具体操作中，A校履行了对试读预警学生和家长的告知义务，并严格依照相关规定开展了帮扶和跟踪管理工作。在试读预警学生仍无法改善学业状况、达到退学条件时，A校严格按照相关规定进行退学处理，确保了学生管理工作的规范有序。

第二，学业有帮扶，育人尽心力。学业预警实质是一种危机干预制度，其真正的目的是希望通过预警试读的方式，就学生学业不佳、违规违纪等现象对学生本人做出及时警示，并采取相关措施，督促学生努力学习，以顺利完成学业。因此，退学并不是预警和试读的必然、唯一结果。在此过程中，学业帮扶发挥着极其重要的育人作用。学业帮扶也成为学业预警工作的必经程序。在本案例中，学校、学院对学生开展了多样化的帮扶措施。辅导员、专任教师都对学生进行了有针对性的思想劝诫、专业指导、监督管理，制订了改进计划和帮扶方案，并积极联系家长、同学以发挥家庭教育、朋辈教育的育人作用，帮助和督促学生改变学业现状。即便在学生最终还是被退学的情形下，学校、学院仍然重视后续教育，对学生进行心理疏导，提供生涯规划和指导建议，始终将育人宗旨置于首位。

第三，做事讲秩序，工作有留痕。从确定学业预警，到试读期学业帮扶，再到最终予以退学，A校在保证工作流程合法合规又合情合理的过程中，亦做到了工作留痕，建立了学业预警管理档案。正因如此，在面对学生和家长提出异议时能够有理有据。工作留痕，一方面有利于有序推动学业过程化管理，有助于适时调整学业帮扶计划；另一方面也有利于增强流程规范化管理，确保每个工作环节都讲规范、有依据。

（撰稿人：林凤梅、王沁怡）

研究生退学处理中的导师职责

【案例简介】

2018年9月，A校博士研究生李同学超过学校规定的最长学习年限仍未完成学业，符合学校《研究生学籍管理规定》中规定的予以退学处理的情形。学院按规定通知李同学自行办理退学手续，但该生未在规定时间内到校办理。2018年10月，研究生院启动对李同学的退学处理程序，向其发放拟退学通知书，并告知该生"如对退学处理意见有异议，请在收到本通知书之日起5个工作日内，向所在学院提起陈述和申辩的书面意见"。李同学在收到通知书后提出异议，表示导师正在为其准备答辩事宜，故认为A校退学依据的事实不清、程序不合规定，要求学校撤销拟退学决定，准予其参与博士学位申请。

A校认真听取了李同学的陈述和申辩，认为李同学在2018年9月已达到学校规定的最长学习年限，未在学习年限内申请毕业答辩，事实清楚、依据明确，符合《普通高等学校学生管理规定》第三十条规定的"在学校规定的学习年限内未完成学业的"可予退学处理的情形。李同学提出的"导师正在为其准备答辩事宜，应视为学校同意其在该时间段内办理答辩手续、申请博士学位"，理解并不准确，不能成为抗辩理由。故学校维持了对该生退学处理的决定。

同时，A校为防止同类情况再次发生，进一步细化了工作流程要求，在通知研究生退学决定时，向其导师也发送相应通知，要求导师签署《拟清退研究生导师告知书》，表示知情。

【案例分析】

本案例属于研究生在学校规定的最长学习年限内未完成学业而予以退学处理的案例。案情本身事实清楚，依据明确，处理得当。《普通高等学校学生管理规定》第三十条和第五十五条，明确了退学处理的依据、处理决定的送达方式、学生陈述和申辩的救济渠道等相关规定，为学校开展清退学生学籍工作提供了制度保障。

通过本案例可以发现,在研究生学籍学历管理工作,特别是处理退学这种涉及学生重大利益的工作过程中,在程序规范的实际操作层面还有待进一步完善的地方。

第一,工作规范需精细。以本案例为例,学校在对研究生启动退学程序时,仅通知研究生本人,未及时通知研究生导师退学事宜,部分导师可能在不知情状况下仍组织研究生答辩或参与教学培养活动。研究生则可能以导师行为为由不同意办理退学,要求学校继续按在籍学生待遇对待。这样给学籍清理工作的推进造成了较大阻力。因此,高校在启动退学程序时,除向研究生发放拟退学通知书外,可同时向其导师发放拟退学研究生导师告知书,并由导师签字确认。这表明导师对该情况已知情,不再组织该研究生参与相关培养教学活动,从而避免研究生退学过程引起的不必要的纠纷,更有利于退学工作的顺利推进。

第二,工作责任需强化。在导师负责制下,要想提升高校研究生教育管理质量和工作效率,必须强化导师职责。导师作为研究生培养的第一责任人,研究生与导师联系相对密切。因此,为进一步规范研究生学籍学历管理工作,需要明确和规范导师的行为和权责,在各个环节都需要加强与导师的沟通协作,严格制度,优化机制,强化落实,从而形成学籍学历的闭环管理。

(撰稿人:金晶、赵洁、王沁怡)

大力支持在校生创业，严格创业休学认定

【案例简介】

A校2014级计算机类专业的张同学，在2016年6月以工作实践为由办理休学，并在2017年6月休学期满后再次办理休学。2018年5月，根据A校2014级《学生学籍管理规定》，学院提醒张同学休学期满，要求张同学到校办理复学手续。张同学表示，目前工作比较顺利，希望学校能够参照最新的《学生学籍管理规定》，认定其为休学创业，允许其最长再休学一年。学院要求该生提供创业的相关资料。张同学后续提供了工作小结、工作计划等材料。学院认为张同学所提供的材料不能证明其工作实践行为是创业行为，故不允许其继续休学，要求张同学限期到校办理复学，否则将按照《学生学籍管理规定》做退学处理。张同学不服，向学校教务处再次提出申请，要求认定其休学创业身份，允许其再休学一年。

收到张同学申请后，教务处积极展开调查。首先，教务处对休学创业相关规定进行研究。2014级《学生学籍管理规定》无休学创业规定，仅允许学生最多休学两年。但2017级《学生学籍管理规定》对休学创业的情形进行了修订，明确"因自主创业申请休学的不得超过三年，最长学习年限不得超过七年"，相较于普通休学的情形可再延长一年。对此，教务处认为，本着有利于学生角度，只要学生符合休学创业条件，可以认定其属于休学创业情形，允许最长再休学一年。随后，教务处就张同学是否符合休学创业条件进行调查，向学院了解了张同学的基本情况，查阅了张同学提交的创业佐证材料。经核实，张同学目前只是一家计算机公司的程序员，提供的佐证材料只能证明其工作经历，并不能体现出该生在创业。

因此，教务处认定张同学提交的材料不能证明其创业行为，及时将调查结果反馈给张同学，并要求其尽快到学院办理复学。同时，为进一步向学生做好解释工作，教务处向张同学展示了之前办理休学创业的学生所提交的佐证材料。最终，张同学对学校的认定结果表示认可并到校办理了复学手续。

【案例分析】

本案例主要涉及学生休学创业的认定问题，同时还涉及新法与旧法冲突时的适用性问题。

第一，"从轻""从新"相结合，最大化保护受教育者利益。本案例首先涉及新法与旧法冲突时的适用性问题。面对新旧规定冲突，需要"新法优于旧法"（"从新"原则）和"从旧兼从轻"（"从轻"原则）相结合。简单来说，就是新法发生效力时的未决案件原则上按照旧法处理，但是新法对该行为的处罚较轻的，应当按照新法处理。本案例中，张同学首次申请休学始于"旧法"适用期间，"旧法"（2014级的《学生学籍管理规定》）无休学创业的规定，仅允许学生最长休学两年。而2017年新修订的《普通高等学校学生管理规定》第二十六条明确规定"对于休学创业的学生，可以单独规定最长学习年限"。A校的学籍管理规定也及时做出修订调整，故在2017级以后的《学生学籍管理规定》中允许学生休学创业最长3年。因此，当张同学在2018年提出参照"新法"申请认定休学创业身份时，显然"新法"更有利于学生。如果学生能够通过休学创业的认定，那么就可以适用"新法"休学3年的相关规定。这样，既积极响应国家号召，大力支持在校学生创新创业，又最大限度地维护了学生受教育权益。

第二，加强创新创业指导，强调"宽休严复"管理理念。《普通高等学校学生管理规定》第二十六条关于休学创业的相关规定，是对在校学生创新创业的优惠政策之一，既给在校生创业提供了一条"出路"，通过实行灵活的学习制度来体现学校对学生创业的制度支持，同时也为在校学生创业提供了一条"退路"，无论创业顺利与否，在规定年限内还可以回学校继续完成学业。对于学生休学创业的认定，必须与一般的工作实践有所区分。在此过程中，"宽休严复"的理念值得推广。在学生首次提出休学创业申请时，可以简化休学审批程序，如学生提供项目选题报告、项目计划书等。但学校也应该制定相应的休学创业认定细则以严格休学创业认定工作规范。在学生申请复学或申请延长休学创业期时，应要求学生提供相关佐证材料并组织专家进行审核，包括创业项目计划书、项目分析报告、项目总结、财务报表、营业执照等。如若审核不通过的，应取消休学优惠政策，并督促学生办理复学手续、继续完成学业。同时，更应加强对休学创业学生的教育管理和指导服务。在学生做出休学创业的选择时，应加强休学前教育，包括对休学创业相关政策规定进行细致解读，对休学创业的认定条件和工作流程做出详细说明等；在学生休学开展创业实践期间，应强化与休学学生的联系交流，可以通过要求学生定期提交创业情况报告等方式，对学生休学创业期间的创业实践情况进行持续跟踪、风险评估，适时提供合理的意见和建议。

（撰稿人：董歆刚、王沁怡）

多方协同解决原专业停招状况下退役士兵的复学难题

【案例简介】

A 校艺术设计专业 2013 级赵同学等 3 位同学，2015 年 9 月积极响应国家号召参军入伍，2017 年 9 月退伍复学。但由于 A 校近年来的院系改革、专业调整，3 位同学入伍前所就读的专业已停止招生，赵同学等 3 位同学面临复学后无法在原专业继续就读的问题。按照 A 省高等学校征兵工作实施办法中有关退役士兵安置政策，学校准备帮助 3 位同学联系 A 省其他高校相关或相近专业转学就读。正当学校积极联系时，赵同学等 3 位同学考虑目前已经是大三，且对学校有着深厚感情，又担心到新的学校也存在着融合的问题，特向学校提出申请，希望能在 A 校完成原专业就读，并取得毕业资格。

面对学生希望在 A 校原专业完成学业的诉求，A 校也确实面临着诸多困难：原专业已不再开设，学生管理部门也发生了重大调整，3 位同学还有 10 多门课程需要修读，如何安排教师上课，教师授课经费从哪里来等一系列问题。但考虑参军入伍学生的特殊性，本着一切为了学生的宗旨，教务处经过慎重考虑，同意赵同学等 3 位同学的诉求，答应帮助他们在 A 校完成原专业的学习。

首先，教务处积极协调学校新成立的人文艺术学院来承担 3 位同学的日常学生管理工作。学院也高度关注 3 位同学的特殊情况，安排专人负责其日常管理工作。同时，根据赵同学等 3 位同学的原培养方案，梳理要达到毕业要求必须开设的 10 多门课程，协调安排认真负责、有良好口碑的教师负责课程教学，并落实毕业论文等实践课程的指导。其次，教务处积极协调人事处，向该学院单独下拨有关绩效经费，为学院单独开设课程提供经费支持和保障。教务处还积极联络协调就业指导中心，为这 3 位同学未来继续深造或就业提供指导和帮助。

最终，赵同学等 3 位同学如愿在 A 校原专业继续学业学习。在学校相关部门的大力支持下，3 位同学刻苦学习，最后顺利完成所有学业，达到毕业要求，实现了退役士兵在原校原专业完成学业的夙愿。

【案例分析】

本案例涉及退役士兵复学后，原专业停招状况下该如何处理的问题。在本案例处理过程中，面对退役学生的特殊请求，A校相关部门、院系都秉持以生为本的理念和高度的责任感，在符合相关法律规定和兵役政策之下，克服实际困难，最终助力学生在原校原专业完成学业。

第一，遵从规则，彰显责任意识。根据《普通高等学校学生管理规定》第二十一条，以及A省《高等学校征兵工作实施办法》"优待与安置"中关于复学、转专业等优惠政策的相关规定，一般情况下，退役后复学的学生可以选择在原专业继续完成学业，亦可主动申请转专业。但在此案例中，3位退役学生复学时原专业已停招，但该校始终秉持对学生认真负责的态度，积极主动寻求对策，依据《普通高等学校学生管理规定》第二十二条的相关规定，第一时间主动帮助3位同学联系该省其他高校相同或相近专业，协调转学事宜。尽管最后退役学生并没有选择转学，但在整个复学工作的前期处理中学校都做到了依法办事、规范有序，重责任，有担当。

第二，以生为本，凸显人文关怀。在退役学生复学后的特殊需要与原专业停招困境发生冲突时，学校各部门和相关院系在整个复学工作处理中，打破了常规思维和做法，特殊问题特殊对待，凸显了以生为本的教育理念以及对学生的人文关怀。面对退役学生放弃转学、申请仍在本校完成学业的诉求，学校综合考量了学生的实际需求，积极调整复学工作方案，与多部门、院系联动协作。在制订详细方案中，兼顾了学生日常管理、学业指导和教学、未来生涯规划和职业发展指导等多层面，克服各种困难，助力学生尽快复学，顺利毕业，为帮助学生提升综合素养、实现全面发展竭尽所能。

（撰稿人：王猛、王沁怡）

五、毕业、结业与学位证书管理

学历、学位证书管理是高校学生事务管理工作的重中之重。学历、学位证书是高等学校和科学研究机构对于受教育者完成相应课程要求、达到相应受教育水平而颁发的证书，代表了学位授予机构对受教育者专业知识和技术水平的认可。两种证书作为高校毕业生证明自身素质和能力的"敲门砖"，无论是在就业、升职还是国内外深造中，都发挥着"通行证"的作用。加强对高校学历、学位证书的管理是学校职能部门的一项重要职责。这有助于维护学历学位证书的严肃性、权威性，同时也是对人才培养质量的重要监督和保障。本章节选取了学历、学位证书管理方面的几个经典案例，从个案出发总结相关的育人经验和有益做法。

第一，解读政策法规，全面贯彻执行。高校根据《中华人民共和国学位条例》《中华人民共和国高等教育法》等相关法律法规的规定颁发学生学历学位证书，在学历学位的授予以及证书管理方面的规定要符合上位法的要求。一方面，高校要完善校内规章制度体系，在坚持内部规范与上位法律保持一致的同时，依据学校实际情况予以细化规定；另一方面，国家出台的与大学生相关的政策种类繁多，且涉及内容广泛，在政策的解读方面要精准，避免认识不客观、理解不透彻、落实不到位的情况出现。同时，在政策法规的执行层面，要将相关政策法规全面落到实处，以缩小"应然"和"实然"的差距。

第二，坚持程序正义，敬畏规则程序。"实体正义"和"程序正义"是"法"在价值实现中两个不可或缺的重要内容。在有法可依的前提下，需要通过程序正义来保障实体正义的实现。高校所掌握的"拒绝授予学位""撤销学位"等一系列消极的学历学位管理权力，使用不当则可能会侵犯学生的受教育权等法定权利，给学生带来十分严重的负面影响。所以，在学历学位证书的管理过程中，更加需要遵守程序法则，以防因为程序上的瑕疵而给学生造成负面影响或者不可挽回的后果。在本章节的案例中，有近三分之二的案例都与"规则"和"程序"相关，对"程序性规则"的执行情况不同将会导致不同的结果。

第三,保障学生权益,个案量体裁衣。高校应始终以学生为本,在坚持实体正义和程序正义有机统一的前提下,以实现学生的全面发展为最高价值准则。每个学生的性格能力、家庭环境、教育背景都不尽相同。当学生面临困境时,学校要从每个学生的实际情况出发,在合乎法律和行政法规的前提下,帮助学生制定特殊的解决方案和选择路径,运用学校管理者的丰富经验和多方资源协助学生做出理性的决定和最有利的选择。在管理育人的过程中,学校应当站在学生的角度思考解决方案,充分考虑学生的差异性,这不仅能保障学生权益,同时还能增强学生的归属感、认同感和同理心。

毕业或延期的最佳选择建议

【案例简介】

2019 年 7 月正是学校的毕业季,A 校 2015 级本科毕业班的留学生李同学却很焦虑。虽然他已经达到毕业条件,所有学分全部拿到,毕业论文也顺利通过,但有一项学位条件却尚未达到:通过某国家级考试(以下简称"考试")。根据学校相关管理规定,如果留学生已达到毕业条件,尚未达到学位条件,仍可如期毕业,但毕业之后无法再申请学位。于是该生面临两个选择:如果要学位,那么就需要办理延期手续,在最长修业期限 6 年内通过"考试",而后可获得双证(毕业证与学位证);如果要如期毕业,则只能获得单证(毕业证)。

李同学当时已与某公司达成用人意向,若不能应届毕业,很可能要失去这份工作;但是如果辛苦 4 年拿不到学位,又心有不甘,于是陷入两难的境界。李同学咨询自己所在的院系后,得到了如下缓冲方案:该生已错过批量学生毕业时间,但此后还有毕业批次。学生可报考最近一次的"考试",如能在后续毕业批次截止前通过,则仍能应届毕业并获得学位。然而若该生再次失败,则必须做出毕业或延期的抉择。经过院系的解释和学生的心理斗争,李同学认为学位 4 年只有一次,如果就此放弃,今后若遇到需要学位的状况,就再也无法弥补,而工作可以再找,最终决定延期。院系给出两个延期方案:一是申请休学,因无后续课程需要修读,在休学阶段通过"考试",再申请复学,复学后再申请毕业和学位;二是留在学校备考,学生有权在延期阶段选修更多课程,留学生也需要在有课程修读的情况下申请学生签证。由于该生担心休学回国后无法接触到中文,会导致退步而无法通过"考试"。这一方面会浪费时间,另一方面也会打击自信心。于是他最终决定申请延长修业期,并选修了 2 门课程,安心备考。

【案例分析】

本案例涉及学生未达到学位证书获取资格而无法按时获得"双证"的情况。在案例中,学校和院系在处理毕业和"双证"问题上有理有据,情理并重,很好地平衡了遵守制度规定与人性化管理之间的关系,值得借鉴和学习。

第一,以理为准,规则育人。学校依照相关法律,制定了有关学生毕业资格的审核规定与学生学籍的管理办法,为有效实现学生学籍与毕业事务的管理提供了规范依据,并充分保障了学校学生的基本权益。在具体操作中,针对学生未能按期毕业,根据个人需求,选择延长修业期的情况,则通过学生申请、学院批准、办公室备案等规范程序,实现了学生学籍的有效延长;同时依据相关规定,协助学生办理学籍延长手续及选课事宜,确保了学生延毕工作的规范有序。

第二,因势利导,以生为本。针对学生在履行毕业手续时出现的特殊情况,学校和院系及时发现问题,通过个人沟通、宣讲政策等方式,尊重和保障学生的知情权、选择权等合法权益,提高了学生对毕业手续与学籍管理规定的认知,并结合自身情况来进行选择。在学生无法按期毕业时,详细了解学生的具体情况,制定了有针对性、人性化的调整方案。本案例中的处理方法,调和了学生在最长修业期限内已达到毕业条件,但未达到学位条件的矛盾,最大程度上保障了学生权益。在学生选择延长修业期后,根据学生实际需求,及时有效调整应对方案,提醒学生认真考虑,帮助学生做好延期工作。对于具有特殊身份的外籍学生,学校始终高度重视,坚持学生为本,人人平等,在尊重规则、敬畏程序的范围内,为学生定制个性化的解决方案。

（撰稿人:徐文凤、徐艾妮）

认真对待学历信息变更申请

【案例简介】

2018 年 6 月，A 校黄同学在毕业 7 年后向学校教务处提出毕业证书中姓名错误的更正申请。该生称本人姓名应为"黄某某"。但是毕业证书上姓名为"黄某某"。该生表示自己姓名一直是"黄某某"，从未变更过姓名，并向校方提供了身份证复印件和户口簿复印件。相关户籍材料显示，该生姓名应为"黄某某"，且无姓名变更记录。

接到申请报告后，学校教务处负责学籍学历的老师首先登录学信网查询该生录取信息，发现录取信息中姓名即为"黄某某"；随后查阅学生当年签字确认的信息校对表（学校在新生入学后将新生有关信息打印成册，要求学生校对签字），发现姓名为"黄某某"。学校据此判断并答复黄同学，学生应是高考报名录入个人姓名时候出错，将"黄"字误录为"黄"字，且由于这两个汉字差别细微，极难发现，所以在学生参加高考及入校后各类教育教学活动中均未发现异常。但毕业证书信息一般不予以修改，学生毕业后不再受理学生信息变更事宜，注册信息确有错误的，需要经省级教育行政部门审核确认后方可修改。

黄同学对学校的回答表示理解，但认为自己提出的申请有事实依据，所以相关信息可以修改。考虑到学生个人无意的过错造成姓名有误，且该错误已经影响学生后续升学、就业等。同时学校也存在一定的过错，在新生报到和复查期间及 3 年的教育教学过程中均未发现学生姓名有误。本着为学生解决问题的积极态度，在黄同学提供了个人申请及相关招生部门和公安部门的佐证材料后，校教务处经过对学生提交材料的审查核实，确认该生的纸质录取名册和电子录取名册中的姓氏和现学生提供的身份证、户口簿上的姓氏不一样，并征求上级主管部门意见后，随即联系省级招办修改信息，为该生做了学历勘误。

【案例分析】

本案例涉及毕业生毕业证书姓氏错误并影响学生本人出国、升职的情况。

学校在处理学生学籍学历管理问题上有理有据，尊重学生诉求，尊重现实情况，尊重法律依据，值得借鉴和学习。

第一，坚持实事求是、问题导向的原则。学籍学历管理是学生管理中的重要组成部分，关系学生毕业后的升学与就业。在本案例中，虽然黄同学已毕业7年，但学校在碰到此类学生案例时，还是耐心倾听学生的诉求，用管理育人的理念和实事求是的态度，明确问题所在，从现实问题出发，与黄同学做好交流工作，主动承认学校自身管理中的失误，坚持实事求是的原则，帮助学生解决学历问题，并且顺利完成后续操作。

第二，尊重学生诉求，坚持以学生为本。针对黄同学毕业7年后发现自己学历信息错误的情况，学校积极与学生沟通，耐心解释问题，做好与学生的交流工作。尽管毕业证书信息一般不予以修改，学生毕业后学校不再受理学生信息变更事宜，但考虑这是学生个人无意的过错，且已影响到学生后续的升学和就业，学校坚持学生为本的原则，尊重学生诉求，维护学生的合法权益，耐心倾听学生的问题，积极寻求途径为学生解决学历问题。

第三，以法律为准绳，遵循法定程序。在明确学生问题的基础上，学校始终坚持实事求是，坚持用有依有据的管理规章制度来解决。根据《普通高等学校学生管理规定》以及《高等学校学生学籍学历电子注册办法》的相关规定，学校积极向学生宣传政策规定，明确法律程序，通过学生申请、资料提交、审查核实、征求上级主管部门意见、请示省级教育行政部门等程序后，为该生做了学历勘误。

（撰稿人：董歆刚、徐文凤）

学历证明书和学位证明书与证件原件有同等效力

【案例简介】

2019年5月，A校往届硕士毕业生张同学毕业证书和学位证书遗失，在报考公务员过程中因为网上校验信息出现问题，遇到无法报考的情况。报考公务员的审核单位建议A同学找原学校开具学历证明书和学位证明书。

在听取张同学的诉求后，原学校负责老师给该生开具了高等教育学历证明书和学位证明书，并告知张同学高等教育学历证明书和学位证明书与原件具有同等法律效力，并在学信网上把原学历证书替换为高等教育学历证明书。同年6月，该生再次找到学校相关部门，反映公务员报考单位拿到学历证明书和学位证明书后，在学信网上可以查询到相关信息，但是学位网上显示还是原学位证书，不是学位证明书的相关信息。该生误认为是学校负责的老师工作不到位，忘记在学位网上替换信息，欲追究学校的法律责任。

学校负责老师在做好学生思想工作、安抚好张同学情绪后，认真与该生解释情况并且现场演示，只有学信网上可以替换信息，学位网上没有替换信息的操作。同时，负责老师还电话联系了公务员报考单位的负责人，向其解释了相关情况，并以学校的名义出具证明。张同学在公务员报名成功后，向学校表达了感谢，并为自己之前冲动的举动致歉。

【案例分析】

此案例属于学生由于个人原因遗失毕业证书和学位证书的情况。在此案例中，学校在处理学生学历证书管理问题上坚持尊重学生，尊重规则，工作耐心细致，值得借鉴和学习。

第一，心系学生，耐心对待。"双证"问题是极其重要的问题，关系学生毕业后的就业和升学，需要学校及学生认真对待。当学生由于各种因素遗失证书时，学校相关部门及老师耐心听取学生的详细情况后，主动表示理解，并且向学生告知毕业证明书的效力与申请的程序，帮助学生开具毕业证明书。同时，在遭遇学生误解的情况下,学校老师也保持耐心与友好的态度,主动解释问题,细致地回应学生,向学生答疑解惑,顺利解决学位证明问题。

第二,尊重规则,认真严谨。学校应依据法律法规制定相应的学校管理规定,对学生学籍管理与学历证明做出严格且正式的规定。在实际操作过程中,对于学生出现"双证"遗失的问题,学校要严格依据学生申请、提交材料、学校审核等程序性规定展开相应工作,开具与毕业证书具有同等效力的高等教育学历证明书,同时在学信网进行标注,按照要求完善相关信息,实现对学生学历证明的有序有据管理。

(撰稿人:徐文凤)

学生超期申请换发毕业证书的救济途径

【案例简介】

A 校本科生李同学于 2005 年 9 月入学，学制 4 年。其因一门课程未修读通过，在 2009 年 6 月 30 日正常学制结束时予以结业处理。后来该生按照学校规定于 2011 年 2 月申请该门课程重修，当年 6 月 30 日前该门课程获得通过。根据学校当时关于换发毕业证书的规定，结业后通过课程重修后可以向学校申请换发毕业证书，但该生当时没有提出申请，因此学校没有为其颁发毕业证书。直至 2019 年 3 月，该生因调动工作需要毕业证书，方才向学校申请换发毕业证书。

经核实，该生在 2011 年 6 月 30 日前重修通过了不及格课程，根据学校《本科生管理规定》中对于在最长学习年限内达到毕业要求的结业学生，经本人申请，学校可以换发毕业证书。在案件处理过程中，学校发现《本科生管理规定》中关于"依申请"换发毕业证书的规定，一定意义上是对《普通高等学校学生管理规定》相关条款的"从严"解释。最终学校决定：一是学生当时没有及时申请换发毕业证书虽存在过错，但不能否定其在学校规定的最长学习年限内达到毕业要求而可以获得毕业资格的事实，学校应该尽最大努力维护学生的合法权益；二是对于由于时间问题无法换发毕业证书的情况，学校进行变通处理，在教育部学信网上按 2011 年 6 月 30 日获得毕业资格时间做换证标注，同时以毕业证明书形式代替毕业证书；三是根据新修订的《普通高等学校学生管理规定》，启动学校的《本科生管理规定》的修订程序。

【案例分析】

本案争议的焦点在于，结业学生离校后，学校允许其在最长学习年限内申请返校重修，在最长学习年限内达到毕业要求后，错过申请换发毕业证书时间，学校如何处理？本案中，学校充分尊重学生符合毕业要求这一事实，从学生利益最大化的角度出发，为学生提供相关证明。同时，从案例中不断反思学校在管理上需要改进的地方,进一步为学生提供服务。

第一,将学生利益最大化,精准把握立法原意。由于本案例经历的时间过长,跨越了教育部"21号令"(原《普通高等学校学生管理规定》)废止到《普通高等学校学生管理规定》实施两个阶段。虽然"新法"和"旧法"中有关结业后是否可以毕业的规定并未发生变化,但是将"21号令"和《普通高等学校学生管理规定》对比后可以发现,"21号令"第31条规定"学生在学校规定年限内,修完教育教学计划规定内容,德、智、体达到毕业要求,准予毕业,由学校发给毕业证书";《普通高等学校学生管理规定》第32条规定得更加明确,"学生在学校规定学习年限内,修完教育教学计划规定内容,成绩合格,达到学校毕业要求的,学校应当准予毕业,并在学生离校前发给毕业证书"。学生换取毕业证书的行为由"发给"变成了"应当发给"。这种变化进一步体现了"学校在其中需要主动性作为"的立法意图。该学校准确理解立法原意,从最大化保护学生利益出发,为学生解决困难。

第二,学校从个案中反思,促进育人与时俱进。学校在本案的处理过程中发现,相较于上位法的规定,该校有关"换取毕业证书"的规定有"从严"之嫌。虽然没有违背上位法,但是从具体执行效果上来说,不利于最大化地保护学生的合法权益。学校借此案件研判的机会,结合校情校规,对"新法"和"旧法"进行了对比研究,从而认识到学校规定的不完善。在协助李某妥善处理完相关事宜后,及时启动学校相关校规的修订程序,不断完善校内规章制度、健全管理保障机制,充分体现了学校服务学生、以学生为本的教育理念以及追求卓越、争创一流的育人目标。

(撰稿人:李丽、徐文凤)

违背学术诚信一律撤销学位证书

【案例简介】

2013 年 6 月，许同学从 A 校博士毕业，随后就职于本省另一高校，从事教学研究工作。2016 年 4 月，A 校收到上级教育行政主管部门转发的检举揭发许同学的博士毕业论文存在抄袭行为的信访文件，以及多份举报许同学及其导师合作发表的论文存在抄袭行为的电子邮件。学校随即展开调查，经调查证实，许同学的博士毕业论文存在严重的抄袭行为。调查结束后，学校与许同学进行了充分沟通，向其说明相关事实根据和理由、拟作出的决定，以及听取原告的陈述及申辩。经过一系列调查程序，根据《中华人民共和国学位条例》《普通高等学校学生管理规定》等法律法规的相关规定，学校讨论决定撤销许同学的博士学位。该决定于 2016 年 7 月 22 日送达给许同学，并通过电子邮件告知许同学有申诉的权利。

许同学不服学校的决定，以 A 校为被告向法院提起行政诉讼，诉请法院判决学校撤销决定。一审法院经过事实和法律调查，最终支持了学校撤销学位的决定。许同学不服一审判决，向二审法院上诉。二审法院经过审判，判决驳回上诉，维持原判。与此同时，许同学也因此事被工作单位解除了聘用合同。这场诉讼从 2016 年持续到 2018 年，许同学最终失去了学位、工作，并赔上大量的时间、精力，付出了惨痛的代价。

此事件后，学校进一步严格把关学位论文的质量，对学生进行学术诚信教育全覆盖，教育学生尊重法律、尊重规则、尊重学术、尊重自我。

【案例分析】

本案例涉及学生学术不端问题的纠纷。学校在面对此类事情时，处理措施合理合法、程序正当。同时，学校还以此案为借鉴，在学校内部加强学术诚信教育，从而营造良好的学术氛围。

第一，重法懂法用法，筑牢法律防线。学校在处理此案时，始终坚持"以事实为依据，以法律为准绳"。首先及时开展调查，待事实调查清楚后，准确适用相关法律规定。《中华人民共和国学位条例》和《普通高等学校学生管理规定》中均有对"因学术不端行为获取学位证书而撤销"的明文规定。学校在正式作出决定前，充分保障了许同学的告知、听取意见、申辩等相关权利，做到了程序正当。在本案例中，学校最后作出撤销的决定不仅合乎情理，还符合法律程序性规定，对营造良好的校园学术氛围起到了积极的作用，教育学生恪守学术诚信底线。

第二，严抓学术诚信，守牢道德底线。学术自由是现代大学的核心价值之一，在现代大学制度中具有非常重要的地位。培养学生崇高的道德品质和崇尚学术的精神，永远是大学不懈的价值追求。高校的每一位学生和教师，在享受学术自由的权利同时，也要坚守道德和原则。本案中，许同学作为博士研究生，毕业后也在高校从事教书育人的工作，本应该成为学术诚信的守护者和道德底线的坚守者，为学生树立正确的价值观和人生观，但事实上，其个人行为却与之大相径庭。其雇用单位在此事发生后，第一时间作出反应，也从侧面表明了社会上坚决抵制学术不端行为的态度和立场。

（撰稿人：徐文凤）

六、处理、处分与申诉

  处分是高校学生管理的重要手段,也是立德树人的重要内容。《中华人民共和国教育法》第二十八条规定,学校及其他教育机构行使下列权利,"对受教育者进行学籍管理,实施奖励或者处分";《中华人民共和国高等教育法》第四十一条规定,"对学生进行学籍管理并实施奖励或者处分"。

  高校学生管理工作的核心在于管理,强调用强制手段对现有教育秩序的维护;思想政治工作的核心则在于育人,强调通过对话等教育方式对学生进行思想引导和价值引领。因此,在规范高校学生管理工作过程中,充分发挥管理的育人功效,挖掘管理的价值引领作用,有着非常重要的现实意义。

  本部分内容对高校学生管理过程中可能出现的学生因违纪违规被纪律处分的情况进行梳理和总结,并结合相关法律条文进行规范解读,对处理方式等进行归纳总结经验,供各高校相关管理人员参考。

  关于处分,《普通高等学校学生管理规定》第五十一条至第五十八条,对处分的类型、给予处分的情形及处分程序等做出明确规定。在高校学生处分案例中,最常见的是考试违纪处分类。

  关于申诉,《普通高等学校学生管理规定》第五十九条至第六十五条,对申诉的程序、期限等做了相关明确规定。其中,第五十九条对"学生申诉办法"做了授权性明确规定,高校应当制定学生申诉的具体办法,健全学生申诉处理的规则。

  在处分、申诉的处理过程中,可能会遇到许多实际的问题,需要学校将管理育人的理念贯穿始终。处分作为一种教育惩戒方式,除了通过处罚来惩戒不符合规范的学生违规行为的管理意义之外,还有其特殊的教育意义和育人价值,主要体现在以下几个方面。

  第一,规则完善明晰,充分保障处分处理有章可循。高校应制定完善学生管理工作的规章制度,尤其是学生处分及申诉的详细规则。这样可确保在处分、申诉处理过程中做到有章可循。同时,要组织学生解读、学习学校的规章制度,让学生明白自己在校期间的权利义务以及违纪违规行为可能要承担的后果。

第二,程序公平公正,充分保障学生的合法权益。高校要确保对学生处分的程序必须满足公开、公平、公正的要求。高校要尊重学生的人格尊严,保护学生的基本权利,不能把学生管理简单理解为惩戒,可以在法律框架内,丰富对学生惩戒和教育的方式。但一切方式均需要符合学生的身心特点和接受能力。充分尊重和保护学生权利,不仅是高校作为教育者需要履行的法定义务,也是高校彰显法治精神、营造良好教育环境的必然要求。

第三,处分准确恰当,充分发挥避免性教育功能。学生处分具有3个功能,即对违规学生的惩罚功能,对其他学生的警示功能,以及对违规学生"认识错误、改正错误"的教育功能。这些功能主要属于避免性教育。避免性教育指通过处分,使得被处分的学生本人及其他学生避免再犯同类错误。《普通高等学校学生管理规定》第五十四条规定,学校对学生的处分,应当做到证据充分、依据明确、定性准确、程序正当、处分适当。学校在定性处理过程中,要体现适用依据的一致性,也就是相同的案件,不得出现由于"关系"或者其他问题导致处分结果存在差异。在处分决定书上,要保证内容的全面性,详细阐明处分事实、理由以及依据,尤其要注明申诉期限,要在规定时间内将处分决定书送达被处分学生本人。

第四,及时跟踪帮扶,促进管理育人的道德内化。加强对受处分学生处分前、处分过程中,甚至是处分后的跟踪帮扶教育,不能一处了之。那些受到处分的学生,往往会有挫败感和自我否定。高校要把握这个特殊的"最佳时机",积极开展育心育德、管理育人的工作。要定期找受处分学生和周围同学谈心谈话,帮助他们进行自我反思,彻底认识自己的错误行为,树立正确的法治观念。

学校围绕立德树人的教育目标,做好高校学生的管理。德育需要人的自省、自查,需要道德观的重塑,是一个复杂的过程,不可能一蹴而就,不是一张简单的处分决定书所能解决的。管理实践中的育人工作不是对学生进行说教和灌输,而是引导和帮助学生认清事实,遵守法治社会的法治秩序;引导学生明白作为社会中的一员应承担的社会责任,培养强烈的社会责任感和使命感;引导学生要敬畏规则,培养规则意识和法治意识;引导学生学会选择真善美,培养诚信美德,进而形成与社会一致的道德意识、道德情感和道德操守,从而实现道德要求的自我内化。

考场违纪处分及申诉的公平正义

【案例简介】

2018年11月，A校通过考场视频监控，发现李同学先后在3场考试中均存在"携带手机进入考场且未关机"的作弊情形。A校教务处向李同学所在学院出具了对该学生的3份作弊认定通知单。学院依据学校的《学生违纪处分条例》第二十条第四款"累计两次作弊行为，给予开除学籍处分"的规定，对该学生启动违纪处分处理的流程。最终，学院出具A校学生处分决定书，建议学校给李同学以开除学籍处分。

李同学对该处分决定提出疑问：学校并没有在考试当场抓到他考试作弊，却在考试结束4天后向其出具作弊认定通知书。因此，李同学以"不认可教务处出具的3张作弊认定通知单"为由，向学校学生申诉处理委员会提出申诉。学校学生申诉处理委员会对此事进行复查调查，考场监控录像显示：监考老师曾发现李同学的行为，并当场警告了他，并加强对他的监控。但李同学不但没有收敛自己的行为，反而对老师"多管闲事"的行为很不满，辱骂、威胁监考老师。学校学生申诉委员会经过复查，认为教务处出具的作弊认定通知单事实清楚，依据准确，并无不当。并给出学生申诉处理委员会意见反馈书："教务处出具的3张作弊认定通知单有效。"最后经学校校长办公会议讨论，决定给予李同学开除学籍处分。李同学仍不服学校的处分决定，于2019年将学校告上法庭。

学校应诉并按照法院要求提供一系列举证材料。2019年9月经开庭审判，法庭认定李同学作弊事实清楚，同时认定学校在作出开除学籍决定的过程中程序合法。最终，法院驳回原告李同学的诉讼请求。

【案例分析】

本案例实际上是考试作弊违纪处分程序是否合法，证据是否充分，处罚是否得当的问题。争议的焦点是：学校没有在学生实施作弊行为时，当场给学生确认作弊行为事实，而是在4天后，才对学生做出作弊认定。学生针对"学校没有当场认定自己的作弊行为,而是事后认定"这一点提出异议。

本案例中,学校在处理过程中有理有据,定性准确,处分适当,有一定的借鉴意义。

第一,处理准确得当,在依法有序中践行程序正义。监考老师发现李同学在考试过程中有作弊行为,并对其口头警告,同时加强对其的监控。考场监控录像也记录了李同学的作弊违纪行为。学校认为李同学考场违纪行为事实清楚,并依据《学生违纪处分条例》的相关规定,给予李同学开除学籍的处分。学校的处理证据充分、定性准确、依据明确,处分适当。但本案例中也存在程序瑕疵。一是没有及时处理。监考老师发现李同学的违纪行为,只是做了口头警告,既没有当场没收其手机,也没有及时请示监考巡考,还没有对学生违纪行为的事实当场进行认定。二是没有充分听取学生本人的陈情,而是4天后直接向学生发出作弊认定通知单,损害了学生的知情权。因此,一旦发现学生有考场违纪行为,学校须及时并明确告知学生违纪的事实和行为,确保程序的公平正义。

第二,保障学生权益,在学生管理中推进诚信教育。修订后的《普通高等学校学生管理规定》对学生的申诉权利做了详细的规定。本案例中,李同学依法享有并实施了申诉和诉讼的权利。学校在处理和应诉过程中也注意取证合法、处理流程合法。本案例中,虽然李同学抓住程序瑕疵问题,并想方设法为自己违纪行为开脱并寻求法律保护,但学校在处理及应诉过程中能够提供不可争辩的、翔实的学生考场违纪事实的证据,在法律面前有理有据。在本案例的处理中,可结合实情对学生开展诚信教育,目的是培养学生的诚信意识,注重学生诚信行为的养成。

(撰稿人:朱秀蓉、兰书琴)

留校察看处分及解除的原则性和灵活性

【案例简介】

张同学是 A 校 2013 级某专业学生，在 2015 年 3 月期末考试中有作弊行为。学校相关部门经详细调查取证后，认定该同学考试作弊事实确凿，而且情节严重，根据事发当时 A 校的学籍学历管理相关规定，经校长办公会议讨论研究决定，给予其留校察看的处分。

学校本着教育人、培养人的目标，鉴于张同学是初次违规，决定给学生一次改过自新的机会，把张同学降级到 2014 级，同意给予其一年的考察期。并且提出张同学若在考察期间表现良好，学习态度端正，则准予其申请解除处分。

2016 年留校察看考察期满，但正逢学校并校，张同学没有及时向学校提出解除处分的申请，直至 2017 年 9 月才向学校提出解除处分的申请。

接到学生的解除处分申请后，学校本着以学生为本、教育为主的理念，考虑到 2016 年学校并校的特殊情况和张同学留校察看期间的整体表现，经研究决定，准予张同学解除处分的申请。2018 年 7 月张同学取得毕业资格，准予其毕业并颁发毕业证书；但根据学校学位授予实施细则的相关规定，因张同学受过留校察看处分，故不授予学位。

【案例分析】

本案例中，学校最后的处理结果很人性化，既体现了对学生的关怀，又体现了处理具体问题原则性和灵活性相结合。本案例的处理结果，值得借鉴。

第一，尊重规则，情法兼容，充分体现以学生成才为目标的教育理念。本案中，按照学校的相关规定，学生留校考察期满后，应该主动提出解除处分的申请；若错过了申请的时间窗口，则视为自动放弃解除处分的申请权利。但学校在处理过程中也存在瑕疵，即学校没有及时做到善意提醒学生，在学生管理事务中有疏漏。张同学在考察期结束后，正逢学校合并，由于多种原因叠加，张同学未及时向学校提出解除处分的申请。学校经调查，认为考察期间张同学各方面表现都还不错,成绩优良,正在积极准备考研。本着立德树人的教育目标,最后学校讨论研究后决定,准予张同学解除留校察看处分。

第二,适时规范,规则明确,充分保障处理问题时有理有据。本案例中,学校在合并之后,学校重新梳理了全校的规章制度,把一些与《普通高等学校学生管理规定》内容不相符的条款一一作了修订。但本案例中,张同学的违纪处分发生在并校之前,也是在学校规章制度修订之前。鉴于张同学的特殊情况,学校在处理过程中,尊重规则,严格按规则解决问题。发现不合时宜的规则内容,则做出相应的修订,适时调整规范内容,确保学校在处理相关问题时,有法可依,依据明确,有助于准确定性。

（撰稿人：朱秀蓉、王猛）

违法行为导致开除学籍处分是否处罚过重

【案例简介】

2018 年 4 月 20 日，A 校学生胡同学在学校附近公交车站处，实施了侵犯他人隐私的违法行为（偷拍女性裙底）。有同学将胡同学偷拍的视频发布到网络上，短时间内视频被大量转发，在校园内外造成了较恶劣的影响。4 月 21 日，胡同学家长到校，将其带离学校，回家等候进一步处理。4 月 25 日，胡同学被警方依法传唤。经调查，胡同学有侵犯他人隐私的违法行为，警方根据《中华人民共和国治安管理处罚法》，对其处以行政拘留 3 日。需要特别说明的是，胡同学 2016 年 9 月曾因考试作弊，受到学校记过处分。

根据以上事实，A 校依据本校的《全日制本科学生违纪处分办法》的相关规定，于 4 月 27 日对胡同学作出开除学籍的处分。胡同学认为学校对其处罚过重，适用法律错误，其偷拍行为并没有造成恶劣影响，不属于情节严重、性质恶劣，真正造成恶劣影响的是视频发布者。并声称之所以发生这样的事情，是因为自身一直就有心理疾病，如恋物癖、强迫症。胡同学认为学校没有做到教育和惩戒相结合，定性不准确，在程序上也没有听取其陈述和申辩，于 5 月 2 日向学校提出申诉。学生申诉处理委员会经复查后，作出维持原处理的复查意见。胡同学对复查决定有异议，继而又向上海市教育委员会提出书面申诉。

上海市教育委员会调查了本案的事实情况、证据材料，并充分听取了学生与学校的意见，认为胡同学申辩其长期患有恋物癖等心理疾病缺乏证据支持，且恋物癖不属于法定从轻或减轻处分的理由，同时认为学校在处理过程中事实清楚、依据明确、定性准确、程序正当、处分适当，维持原处理决定。

【案例分析】

本案例实际上是关于开除学籍程序是否合法，处罚是否得当，教育与惩戒如何有效结合的问题。

本案双方争议焦点在于：一是学校作出开除学籍的处分决定流程是否合

法、合规,二是学校做出开除学籍的处分是否属于"处罚失当"。

学校学生申诉处理委员会和上海市教育委员会在申诉调查过程中充分听取了学生本人意见和学校意见,就学校作出处分处理的事实、依据、程序等问题进行复查后作出维持原处分决定,既体现了程序合法正义,又充分保障了学生的合法权益,值得学习和借鉴。

第一,程序合法合规,保障处罚适当。根据 A 校的《全日制本科学生违纪处分办法》第十九条第(一)项第 7 条规定,有侵犯他人人身权利行为的,情节较轻的,给予警告或者严重警告处分;情节较重的,给予记过或者留校察看处分;情节严重的,给予开除学籍处分。胡同学因违法行为被公安机关处以行政拘留这一事实,符合学校"给予开除学籍处分"的规定。A 校的处分处理依据明确、定性准确,处分没有不当。

第二,教育与惩戒相结合,培养学生的法治素养。本案例中胡同学对违纪事实予以承认,但主张情节不够严重,学校处理适用规定不当。对胡同学提出的申辩理由(长期患有恋物癖等心理疾病),因其缺乏证据而不予支持,且恋物癖不属于法定从轻或减轻处分的理由。教育惩戒的原点和终点都是教育,在处理这一违纪违规事件过程中,学校处处恪守法度,时时传递育人的温度,始终遵循育人原则,把学生放在第一位,尊重和保护学生权益,不是为了惩戒而惩戒,而是通过惩戒培养学生遵纪守法的意识,从而提升学生的法治素养。

(撰稿人:郝凤、朱秀蓉)

违纪处分对学业的不良影响

【案例简介】

孙同学是 A 校 2016 级学生,2016 年 12 月因其在学生宿舍违章用电(夜间私自使用空调插座)受到警告处分。2019 年 9 月,在研究生推免的过程中,按照 A 校《推荐免试研究生的办法》规定,孙同学因为受过警告处分,不具备研究生推免的资格。对此,孙同学家长向学校提出异议,认为学校的规章制度语义不明,存在歧义。推荐免试研究生办法规定的"品行优良,无任何因考试违纪作弊和剽窃他人学术成果等受到违纪处分或违法的记录",家长理解"记录"只是指违法记录而不包括处分记录。

学校收到孙同学与其家长的异议后,高度重视,仔细查阅当时违纪处分的相关记录,同时对照学校的相关学生管理规定,认为当时学校给予孙同学的处分处理事实清楚,证据充足,定性准确,处罚适当。

针对孙同学及其家长的疑问,学校相关部门也分别就学生的各项疑问进行了解答,对学校文件的规定进行了详细的解读。经学校相关部门与孙同学及其家长多次充分有效的沟通,孙同学和其家长表示接受学校的处理决定。

【案例分析】

本案例中,学校在处理问题的过程中,既遵循了规则,同时因势利导,化解学生的不良情绪,有原则,有温情,值得学习和借鉴。

第一,帮助学生树立责任意识,要为自己的行为负责。本案中,孙同学所在的寝室违章违规用电,寝室成员均被处分。寝室作为一个集体,大家"荣辱与共",一荣俱荣,一损俱损。因此,每一位寝室同学都应该有责任意识,对自己负责,对他人负责。任何违纪行为都会产生一定的责任后果。大学生已经是成年人,要为自己的行为负责,要承担相应的行为后果。

第二,教育学生要有规则意识,严格遵守规章规则。本案中,学校制定了完善的违纪处分规定和研究生免试推荐办法规定。在具体实施过程中,有法可依,处理问题规范有序。违规违纪就要被处分,研究生免试推荐资格的认定有理有据。通过案例事实帮助学生树立规则意识,教育学生要尊重规则,敬畏规则,严格按规则办事。

第三,坚持以学生为本,为学生提供个性化的学业指导。本案中,孙同学因被处分记录而丧失研究生免试推荐资格。由于孙同学学习成绩优异,所以虽然错失了推免,但还是有能力参加研究生考试。学校根据孙同学个人的学习情况,为他提供个性化的学业规划指导,建议他参加研究生统考,帮其分析可以报考什么院校哪些专业。根据孙同学的实际情况,鼓励其通过自己的努力,以实现继续求学的愿望。最后,孙同学决定参加 2020 年度的研究生考试。

(撰稿人:朱秀蓉、王燕云)

毕业论文抄袭行为的认定及处理

【案例简介】

郑同学是 A 校 2013 级韩国留学生。2016 年 9 月至 2017 年 6 月，郑同学完成了"毕业设计（论文）"课程，提交的毕业论文最后查重结果为：重复率 27.2%，超出规定比例 12.2%。依据 A 校《学生学业诚信守则》的规定，毕业论文重复率不得超过 15%，郑同学的毕业论文存在较高重复率，已经构成学术不端的事实。2017 年 9 月 26 日，学校拟决定给予郑同学开除学籍的处分。郑同学不服，向学校提出申诉。2017 年 9 月 30 日，A 校学生诚信委员会就郑同学不服学校开除学籍的拟处分决定召开专题讨论会议。

郑同学申诉理由为，自己确实存在直接引用他人论文文字并且在引用处没有标明出处的事实，但是因语言不通，与指导老师未沟通清楚，并没有意识到这是抄袭行为，不是有意为之。因此郑同学提出，希望学校能够考虑到实际情况酌情处理，给予他一次改过自新的机会。

学校经多方研究讨论，认为郑同学是韩国留学生，对学校关于毕业论文的写作规范要求不是很清楚，同时因语言障碍与指导老师沟通中存在理解偏差。经调查了解：郑同学从毕业论文开始写作到完成，整个过程都与指导老师保持沟通，说明学生在论文写作过程中态度是积极端正的，但由于语言沟通上存在理解有误，导致郑同学对学校规定的毕业论文规范要求内容理解不充分。郑同学毕业论文中重复率较高的部分为附录内容，在毕业论文的全文中不是决定性的内容。从这个角度来说，没有达到开除学籍的程度。最终校诚信委员会达成一致意见：郑同学毕业论文的抄袭事实客观存在，但从情节上还未达到开除学籍的程度，依据《学生违纪处分规定》的规定，撤回开除学籍的拟决定，而给予郑同学留校察看处分。

【案例分析】

本案例中，主要的问题是：涉及学位论文高重复率抄袭行为或其他学术不诚信的情况,高校应如何准确认定,并如何给予恰当处分。

第一,高校违纪处分需体现立德树人的育人目标。高校在违纪处分处理过程中,应做到取证充足、定性准确、处分合情合理。尤其是对违纪学生做出开除学籍等重大决定时,必须坚持惩罚和教育相结合的原则,本着教书育人的宗旨,践行立德树人的目标,不放过任何一个违纪行为,但也不能简单地一刀切,导致学生的未来成长受到影响。高校应当以育人为本,罚其当责,即使在事实认定清楚的前提下,也要谨慎判定,与学生充分沟通,了解事件的前因后果后,再做决定,充分给予违纪学生改过的机会。

第二,高校违纪处分应原则性和灵活性相结合。本案例中,郑同学是一名留学生,在完成毕业学位论文的过程中,由于语言不通与指导老师未沟通清楚,导致对一些要求理解不到位,从而对自身要求不严格,造成学位论文引用不当的抄袭后果,但此行为并不是该同学"知法犯法,有意为之"。学校在违纪处分认定,尤其是涉及学位论文或者研究成果抄袭的情形时,应做到具体问题具体分析,原则性和灵活性相结合,要与当事学生充分沟通,了解抄袭事件的客观因素和抄袭学生的主观原因,来综合度量抄袭行为的程度,决不能仅仅根据查重结果就做出决定。

第三,高校违纪处分要合法合情,认定要准确。高校违纪处分在遵循相关规定的基础上,同时要结合实际情况。目前学校认定学位论文抄袭的定性指标一般为查重率,规定重复率超过 15% 即构成抄袭行为,而郑同学查重结果27.2%,学校根据郑同学的查重结果判定其为学位论文抄袭,这种违纪处分认定并无不当,定性合法合理。《普通高等学校学生管理规定》第五十二条列举了 8 种学校可以给予学生开除学籍处分的情形,其中包括"学位论文、公开发表的研究成果存在抄袭、篡改、伪造等学术不端行为,情节严重的,或者代写论文、买卖论文"。其中,"情节严重"是指论文抄袭具有非法使用他人研究成果数量多,在全部成果中所占的地位重要、比例大,手段恶劣,或者社会影响大、对学校声誉造成不良影响等情形。学校诚信委员会对郑同学的论文重复部分进行审查后发现,抄袭内容主要为附录部分,不属于毕业论文的关键观点和核心主题,因此认定未达到"情节严重"的程度。郑同学毕业论文确实存在引用不当的抄袭行为,是一定要给予相应处分的,但此事件并未造成严重后果,所以学校最后做出留校察看的处分是恰当的。

(撰稿人:胡艳丽、满艺、朱秀蓉)

新生入学前的治安事件是否影响入学资格复查

【案例简介】

刘同学是 A 校 2017 级新生，于 2017 年 9 月报到入校。刘同学入校后，为人热情活泼，积极参与班级工作和社团活动。

2017 年 11 月，刘同学联系辅导员老师，请求学院帮其开具在校表现良好的证明。辅导员询问开具此证明的缘由时，刘同学支支吾吾，闪烁其词，并未说明清楚缘由。后经辅导员再三询问，刘同学讲述了高三暑假期间发生的一起事件。2017 年 8 月 5 日凌晨 1 点左右，刘同学与其高中同学小金和小赵因对邻居家放在天井（花园）养的小乌龟感兴趣，想拿出来玩一玩。3 人商量派小金翻墙进入邻居家天井。另外两人在门口等候，小金黑暗中摸索到饲养小乌龟的缸子。在此过程中，小乌龟不慎掉入主人家饲养大乌龟的池子，小乌龟被大乌龟吃掉，声响惊动了屋内休息的主人。主人家立即拨打 110 报警，警察到现场后将 3 人带走。因小乌龟品种珍贵，价值颇高，此案初始定性为入室盗窃案。3 人被治安拘留 15 天后取保候审，公安局向检察院提起公诉。

事件发生后，3 位学生的家长均至邻居家中登门道歉。邻居念其为刚升入大学的学生，涉世未深且为初犯，考虑到家长的不易和学生的悔过之心，予以谅解并达成共识，同意以经济赔偿方式进行和解。检察院在处理过程中，要求 3 位学生出具在读学校的在校表现情况说明。

因涉及新生入学资格复查，辅导员老师将此事及时上报学校，学校学籍学历管理部门高度重视，并到档案馆重新查看学生的高中档案。学生的高中档案记录一切表现良好。这个治安事件发生在学生高中毕业后的暑假，且在大学新生入学报到之前，属于一个空档期，因此刘同学的高中档案中也没有相关记录。

鉴于此，学校经充分讨论后，认为此事发生在新生入校报到之前，且刘同学已与受害人达成谅解共识，双方同意以经济赔偿方式进行和解，故并未产生违法案底，不属于故意隐瞒司法处分经历的弄虚作假行为。同时考虑到刘同学已有悔过意识，决定给学生机会，未认定刘同学的新生入学资格复查不合格。

【案例分析】

本案例的关键点在于，刘同学隐瞒的治安事件，是否影响其新生入学资格复查，是否适用于2017年施行的《普通高等学校学生管理规定》第十一条第二款规定，"复查中发现学生存在弄虚作假、徇私舞弊等情形的，确定为复查不合格，应当取消学籍；情节严重的，学校应当移交有关部门调查处理"。

学校在处理过程中本着实事求是的原则，既尊重了司法正义，又保障了学生的合法权益，值得学习和借鉴。

第一，新生入学资格审查合情合理，保障了学生权益最大化。新生报到入学后，需要从新生的档案资料和日常交往中对新生慢慢全面了解。在新生入学资格审查过程中，除了要了解掌握他们基础信息的真实性和个人健康状况外，还应关注学生以往思想政治素质方面的考核。本案例中，刘同学入学报到后虽然有意隐瞒自己的案件经历，但因是报到入学前产生的违法行为，且已与对方达成和解，并未产生司法案底，因此学校本着"以生为本"的培养理念，力求最大化保护学生权益，故研究决定：刘同学不属于故意隐瞒违法经历的弄虚作假行为，因此不属于《普通高等学校学生管理规定》第十一条第（二）项规定的行为，不存在刘同学入学资格复查不合格的事实。

第二，教育学生要遵纪守法，培养法治意识和诚信意识。学校相关老师与刘同学多次谈心，通过真诚的沟通，逐渐打消了学生的顾虑，帮助学生敞开心扉。通过谈心对学生进行思想政治教育，帮助其分析问题，告知其违法行为的后果严重性，作为一名具有完全民事行为能力的成年人，对自己的违法行为要承担相应的法律后果，教育学生要敬畏法律，遵守法律，有法治意识，凡事三思而后行，不可冲动、不计后果；同时教育学生要诚实守信，切不可一错再错。刘同学表示已充分认识到自己的错误行为，以后绝不会再犯。学校在处理过程中充分体现了思想政治教育和学籍学历管理相融合的育人理念。

（撰稿人：朱秀蓉、范冰洁）

结业生补考作弊如何处理？

【案例简介】

刘同学和李同学为某高校 2019 届毕业班学生，2019 年 7 月已按学校规定结业离校。2019 年 9 月两人在返校参加 2018—2019 学年第二学期期末考试补考的过程中，夹带纸条并偷看，当场被监考老师发现，构成考试作弊的事实。

经学校调查，依据《本科生学籍管理条例》第四十四条第三款规定"结业生在本条例第六条规定的学习年限内返校参加上述学习活动时……如发生考试作弊或其他严重违纪行为的，学校将立即终止其学业，并取消其申请换发毕业证书和申请学位的资格"，学校对两名学生做出"取消申请换发毕业证书和申请学位资格"的处理决定。

两名学生以及他们的家长对学校的处理不服，认为处理结果过重，向学校提起申诉。

两名学生认为自己参加的考试为在籍期间修读课程考试的补考，是在籍期间学业的延续。两人的身份虽然是结业生，但参加的考试科目为在籍学生的教学过程一部分，考试也并不适用学校《本科生学籍管理条例》四十四条第一款的规定："获结业证书的学生在本条例第六条规定的年限内，可向教务处申请返校重读课程并参加重读课程的正常考核，若考核不合格的，可参加该课程的补考，以完成结业时未获通过的课程。考试成绩合格并修满本专业规定的总学分的，可以向学校申请换发毕业证书。"因此，两名学生认为，他们与真正的结业离校而返回考试的学生有所不同，应该区别对待。

面对学生的申诉，学校高度重视，结合学生的实际学业情况，依据学校考核违规处理、本科生学籍管理、学生违纪处分的规定，学校对该处理结果的执行设置一年的执行期限。一年处理期满后，学生如果积欠课程考核及格并取得相应学分，可以申请换发毕业证书和申请学位。但学生换发证书与申请学位依然不能超过 6 年的最长修业年限。对此处理结果，学生及家长皆认可。学生表示将珍惜学习机会，加倍努力学习，并表示在未来成长的过程中会遵章守纪。

【案例分析】

本案例中,主要问题是结业生在补考过程中考试作弊如何既合规又合情地处理。

双方争议的焦点在于:两名学生的违纪行为是否适用学校《本科生学籍管理条例》第四十四条的规定。本案例的难点是:学生参加的课程考试在结业之后,但课程的修读又是在读期间。学校针对学生申诉,两度召开校长专题工作会议,主动与上级教育行政部门沟通,最后决定对学生的相关处理进行了补充执行。学校的处理方法和处理结果,既有人文关怀的温度,又有培养教育的原则,值得借鉴和学习。

第一,原则性和灵活性相结合,充分体现高校育心育德相结合的人才培养目标。学校从人文关怀和教育人、培养人的角度出发,坚持惩前毖后、治病救人的方针,结合两名学生的实际学业情况,在学校相关管理规定不够严密细致的情况下,对学生的违纪处理结果做了补充规定,既保证了学校依据校纪校规处理问题的原则性,又体现了具体问题具体分析的灵活性。违纪处理仅仅是学校学生管理的一个手段,育人才是学校学生管理工作的最终目标。

第二,合规性和准确性相结合,切实保障学生合法权益的有效实现。近年来,学生越来越重视维护自身的权益,但也不乏"钻空子"心态。这要求学校在学生管理方面的规章制度要规范明确,以便学校在处理相关问题的过程中有法可依,做到定性准确。一方面,学校对违反校纪校规的行为给予恰当的处理,以维护学校正常的教学秩序和教育环境;另一方面,因学生处理处分制度与学生切身利益息息相关,在处理时要注意保护学生合法权益,力求学生权益最大化。学校需要本着管理育人的原则,转变思想,变管理本位为学生本位,力求学生的处分处理规则清晰,执行到位。

(撰稿人:刘田、朱秀蓉)

毕业生违纪记过处分及解除的跟踪帮扶

【案例简介】

杨同学是 A 校即将毕业的 2018 届毕业生。2018 年 2 月,杨同学未向学校及其实习单位提出请假申请,未经学校批准,擅自出境至香港、澳门旅游,严重违反了学校的规章制度。针对杨同学擅自出境旅游的违纪行为,事实清楚,证据充分,经学校研究决定,给予杨同学违纪记过处分。

学校及时将违纪记过处分决定书送达杨同学,告知其享有陈述和申辩的权利,并向其下达了解除处分告知书,告知其违纪处分的考察期限为 12 个月。在考察期结束后,可主动向学校提出解除处分的书面申请。

一年考察期满后,杨同学及时向学校提出了解除处分的书面申请,并提交了每季度撰写的思想汇报,以及用人单位为其出具的工作表现情况说明。学校接到学生的书面解除处分申请后,经调查研究决定,鉴于其考察期内的良好表现,同意解除其违纪处分。

【案例分析】

本案例的主要问题是:临近毕业的学生受到处分,应如何设定处分期限?考察期满后,如何处理处分解除?本案例中,学校处理程序总体规范,跟踪帮扶到位,但在处分期限的设置上值得商榷。

第一,程序总体规范。学校在处理过程中,严格依据学校相关规定,按照规定流程,对学生的违纪行为作出处理的同时,切实保障学生的知情权等合法权益。学校及时向学生送达了解除处分告知书,主要内容包括违纪事实、处分依据、处分类型、处分决定文号、处分期限,以及提出解除处分的时间和程序。解除处分告知书一式两联,一联由学校学生工作部门留存,另一联由受处分学生保管。这样确保受处分的学生在处分期限届满时,能顺利启动解除处分程序。程序规范是管理育人的重要价值取向,直接影响学生违纪处分的定性是否准确、处理依据是否明确、处分结果是否恰当。

第二,跟踪帮扶到位。学校要求受到处分的学生每季度撰写思想汇报,帮助学生进行自我反思,彻底认识自己的错误行为,树立正确的思想观念,养成法治意识和规则意识,教育学生要遵纪守法、敬畏规则。学校根据学生受处分后的表现情况来决定是否解除处分。在处分考察期满后,学生所在学院根据学生现实表现,向学校提出解除处分的申请。

第三,一点商榷。按照《普通高等学校学生管理规定》第五十七条规定:"除开除学籍处分以外,给予学生处分一般应当设置 6 到 12 个月期限,到期按学校规定程序予以解除。"但这是通常情况下,如果涉及毕业班学生,就要根据学生毕业时间来设定。学生处分是以学生学籍为前提的,处分期限不应超过毕业时间,否则学生毕业后处分的解除会碰到操作上的问题。本案例中,由于学校的特殊性(准军事化管理且与学生就业单位在一个管理体系),其尚有操作的可能,其他学校就很难操作。

(撰稿人:朱秀蓉、谭军毅、张骏)

七、学生资助管理

学生资助工作是高校学生教育管理工作的重要内容,是教育精准脱贫的重要组成部分,是实现"三全育人"的有效手段。因此,各个高校在习近平新时代中国特色社会主义思想的指引下,积极探索学生资助工作的精准化、制度化和规范化建设,着力建立健全学生资助工作体系。

第一,资助管理要强化规则意识,注重学生规则教育。高校应当在充分监督学生严格遵守各项资助制度和规则的同时,引导学生树立规则意识和底线思维,知晓规矩和准则是不容许逾越和漠视的,对制度有一定的敬畏之心。在资助管理工作的具体开展过程中,要积极宣传普及国家资助政策和具体办理流程,确保学生熟知国家的资助政策和高校的资助管理程序,有效引导学生在受助过程中提升规则意识,树立契约精神。

第二,资助管理应重视精神解困,引导学生笃志勤学。资助管理工作不仅要缓解学生经济上的困难,也要重视精神上的解困,形成经济资助与人文关怀相结合的资助体系。高校资助工作应通过诸如奖学金答辩、"自强之星"评选、励志讲座等活动,积极引导学生创新争优、见贤思齐、笃志勤学,唤醒其拼搏意识和奋斗精神,从而树立远大的人生志向。

第三,资助管理需坚持互动模式,树立学生独立人格。高校资助工作在具体的管理活动中,需坚持"双主体"的互动模式。资助管理工作尽量避免"我讲你听""我说你做"的固定模式,摆脱以往"灌输式""说教式"指导模式的局限,尊重学生的独立性和主体性,充分给予学生表达诉求和质疑的机会,变"传达"为"对话",引导他们树立问题意识和创新精神,注重其独立人格的树立和多元化思维的养成。

第四,资助管理可利用情境优势,培养学生健全人格。资助管理工作具备创设思想政治教育情境的良好条件,高校应当牢牢抓住这一情境优势,强化管理育人的情境内容,秉持人人、时时、处处、事事皆可育人的理念,充分利用润物无声的感染作用开展诚信教育、感恩教育、励志教育和社会责任感教育。资助管理工作要充分借助人文关怀,使学生的思想意志和行动实践朝着全面发展的方向,最终成长为符合社会发展要求、拥有健全人格的新时代青年。

　　资助管理工作既是一门技术,也是一门艺术。实现"不让一个学生因家庭经济困难而失学"的目标,需要持续进行理论创新、工作创新,不断突破。本章节选用了5篇学生资助管理工作案例,用生动的素材客观展示了学生资助工作科学把控学籍异动信息、精准进行身份识别认定、公平公正开展资助评定、坚守资助程序正义等方面的工作过程,体现了管理工作者服务学生成长成才的心路历程,彰显了管理育人和资助育人的显著特点。将学生资助工作案例编撰成册,使工作经验理论化,有益于在理论创新的基础上推动工作的规范和创新,对高校资助管理工作的顺利开展有一定的借鉴与指导作用。

认真对待超标准学制后的奖学金申请

【案例简介】

包同学于 2014 年以免试直博生的身份进入 A 校 B 学院学习。2019 年 9 月，包同学准备申请当年的研究生国家奖学金时，被辅导员告知他是超出标准学制的学生，不具备申请资格。该校研究生国家奖学金实施细则规定：研究生国家奖学金奖励对象为纳入全国研究生招生计划、在标准学制内注册在籍的全日制研究生，超出标准学制修业年限的研究生原则上不再具备研究生国家奖学金参评资格。作为 A 校的直博生，包同学的标准学制为 5 年，即 2014 年 9 月到 2019 年 6 月，2019 年 9 月已经超出他的标准学制，属于延期状态。

包同学向 B 学院表示，他的延期并非由于论文未通过阶段审核等常见原因。他作为免试直博生，成绩名列前茅，并于 2016 年 9 月获得了为期一年的国家留基委公派博士生的资助，前往德国某研究所交流访问；2017 年 9 月研究所因欣赏包同学的自主创新能力和课题研究的需要，全额资助他继续访学一年。两年间包同学与该研究所深度合作，在业内顶级期刊发表了一篇论文。回国后由于其学科特殊性和研究的延续性，包同学所在的课题组需要他继续追踪研究约半年时间以获取突破性成果。

B 学院在了解到包同学的实际情况后，立即召开了本学院研究生国家奖学金评审委员会专门会议，同时邀请包同学的导师参加。经核查和商讨，评审委员会一致认为包同学的学术成果完全符合学校评审要求，认同他符合"学习成绩优异，科研能力显著，发展潜力突出"的申请条件，一致同意包同学参评当年度的研究生国家奖学金，并向学校研究生国家奖学金评审领导小组提出申请。在慎重听取 B 学院研究生国家奖学金评审委员会的意见后，学校同意包同学参与当年的研究生国家奖学金评选，包同学也凭借自身的综合实力，通过了学院评审委员会的答辩和校内公示，最终顺利获得了研究生国家奖学金。

【案例分析】

本案例涉及超标准学制学生的国家奖学金申请资格问题。案例中,因学术科研和学科发展的需要使得包同学延期毕业,不能参与当年度国家奖学金评审,但学校能秉持鼓励学生科研进步、追求卓越的精神,综合研判后同意其参与当年度国家奖学金评选,学校和学院在处理延期毕业学生申请国家奖学金问题上,值得借鉴和学习。

第一,遵守制度,程序规范。在评选过程中,学校和学院评审委员会均严格按照该校研究生国家奖学金实施细则开展相关工作。院系组建评审委员会,制定评审细则;待评审细则公示无异议后,根据细则组织本院系内符合申请条件的学生进行答辩。院系将通过答辩的国家奖学金候选人名单上报学校研究生国家奖学金评审领导小组。最终,学校研究生国家奖学金评审领导小组将所有的候选人名单进行全校范围内的公示。在这个过程中,包同学的申请完全遵守该校研究生国家奖学金的实施细则,评选程序规范。

第二,情法兼容,灵活处理。学校综合考虑了包同学的道德品质、学术成果以及其延期的现实原因。评审委员会秉持鼓励学生科研进步、追求卓越的精神,灵活地处理了包同学超标准学制后的奖学金申请问题。该案例的处理过程既遵守了制度规范,也彰显了人情温度,有效地发挥了奖学金在人才培养方面的积极作用。

(撰稿人:高帆)

解决非全日制学生的贷款难题

【案例简介】

　　李同学是 A 校一位非全日制研究生新生。他入学后向学校表示,自己的家庭收入水平较低,难以承受高额学费带来的经济负担,希望能够申请国家助学贷款以减轻学费压力。根据《关于进一步完善国家助学贷款工作若干意见的通知》(国办发〔2004〕51 号)规定,助学贷款面向的借款学生是全日制普通高等学校中经济困难的本专科学生(含高职学生)、研究生、第二学士学位学生。因此,学校资助管理中心老师告知李同学,他作为非全日制研究生不具有国家助学贷款的申请资格。李同学因此非常沮丧。他表示自己就读的专业是其梦寐以求并付出很大努力才考取成功的,如果每年的学费不能按时缴纳,以后会面临退学的风险,将无法继续完成学业,恳请老师能够网开一面,破例为他办理国家助学贷款。资助管理中心的老师告诉李同学,不能因为某个人的特殊情况,就断然打破规则。学校老师表示,目前有许多银行可以为非全日制学生提供学费分期贷款,虽不能享受国家助学贷款的政策优惠,但不同银行之间的贷款利率和手续费等有所不同。李同学可充分评估自己的还款能力,在认真查阅了解和比较后,可考虑选择一家合适的银行申请学费分期贷款。资助管理中心的老师向李同学提供了查询渠道和多家银行的联系方式,还提醒其借款一定要走合法途径,选择正规的银行,切勿在网络上办理所谓的"低利率"不法校园贷,否则容易落入诈骗的圈套,造成财产损失甚至更严重的后果。

　　在仔细聆听了老师的建议和解释后,李同学在对多家银行面向学生的贷款政策进行对比分析后,最终选定了正值活动优惠期的某银行办理了学费分期贷款,并以较低的利率获得了该银行的放款,从而解决了学费难题。李同学表示,非常感谢学校资助管理中心的老师的耐心指导,表示自己在大学期间会努力学习,争取以优异的成绩毕业,早日通过自己的奋斗偿还贷款,过上理想的生活。

【案例分析】

本案例涉及高校助学贷款的申请资格问题。A校老师在了解李同学的难处后，一方面严格遵守了相关规定，另一方面又切实帮助并指导他解决了实际困难，体现了学校严格遵守规则与强调人文关怀相结合的服务理念，也彰显了学校对全日制学生与非全日制学生一视同仁的关爱。

第一，严格遵守规章制度，做到有态度、有力度、有深度。根据国家助学贷款的相关管理规定，非全日制学生无法办理国家助学贷款业务。学校负责助学贷款工作的老师严格依据有关规定，明确告知学生不具备申请助学贷款资格的事实，同时耐心为学生解读贷款政策，确保学生了解相关情况，获得了学生的理解。学校老师在具体的事务办理过程中，对于学生的不合理要求明确地表示拒绝并解释清楚缘由，有助于提高学生的法治意识、规则意识和底线意识，具有一定的教育意义。

第二，以服务学生为本，做到热心、耐心、诚心。在此案例中，学校资助管理中心的老师做到不逾越规则，不突破底线。但其主动将自己掌握的相关信息告知学生，切实帮助学生解决学费难题，彰显了以人为本的服务理念，集循循善诱、诲人不倦的良好品质与按规章办事、勤恳敬业的职业信仰集于一体，不仅获得了学生的理解和赞誉，还促进了新生对于学校的信任度和认同感。

（撰稿人：田润、刘陆雪）

学籍异动后津贴的合理发放

【案例简介】

张同学于 2019 年 9 月成功考取 A 校 B 学院博士研究生。入学报到一个月后,张同学的父亲重病住院需要看护。因张同学出身单亲家庭,没有其他亲属能代为照看父亲,于是张同学向 B 学院请假两周回家照顾父亲。两周后张父的病情仍未好转,张同学随即向学校申请休学 3 个月。11 月初,张同学向辅导员说明家中情况并提出休学想法。辅导员经深入了解与沟通,同意张同学的休学请求,并由院系向研究生院提交了张同学的休学申请。

2019 年 12 月底,张同学向 A 校学生资助管理中心反映,自己收到 11 月份的博士助研津贴,但尚未收到 12 月份的博士助研津贴。老师告知是因为他目前的学籍状态为"休学",所以按学校规定应停发博士助研津贴,待他复学后将继续发放。张同学表示自己 11 月份就已经向学院提出休学申请,11 月也收到了相应的助研津贴,那么 12 月份理应继续发放,同时自己家庭经济困难,急需这笔费用。

A 校学生资助管理中心向张同学详细解释了学校博士助研津贴的相关制度,告知学校设立的博士助研津贴是为鼓励博士研究生积极参与导师的科学研究、开发和专业设计、调研等工作而发放的津贴。根据 A 校博士助研津贴发放规定,休学的同学在休学手续办理结束后的次月暂停发放博士助研津贴,待学生复学后再恢复发放。张同学 11 月提出休学申请,申请流程未完全结束时,学校仍会向他发放 11 月份的博士助研津贴;当学籍异动流程结束后,学校就在 12 月份暂停其博士助研津贴的发放。为打消张同学害怕今后津贴不能及时发放到位的顾虑,老师告诉学校会及时关注和跟进学生的学籍异动情况,待张同学复学后,学校便会恢复发放博士助研津贴。A 校学生资助管理中心同时向张同学介绍学校的资助政策,帮助其申请并获得学校的临时困难补助,以缓解家庭突发事件带来的暂时性经济困难。张同学也全面理解了学校博士助研津贴发放规定,并明白了自己所提要求的不合理之处,表示在处理好家中事务后将尽快返回学校学习。

【案例分析】

本案例涉及学生休学后停发博士助研津贴的问题。案情本身事实明确,学校在事件处理过程中程序正当、合理合法,及时向学生解读了博士助研津贴的作用以及休学需停发的事项要求。案例中的学生出身于单亲家庭,遭遇家庭贫困和亲属重病的特殊情况,面临家庭和学业的双重压力;资助管理中心的老师在面对持疑惑和焦虑心态的学生时,善于开导和疏通,在规定范围内帮助学生圆满解决难题,值得学习。

第一,重视学籍异动信息公开度。高校管理人员在得知学生学籍异动时,应确保学生知晓自己的学籍状态,并了解由于学籍变化而带来的资助变化。在管理工作过程中,切勿抱有"大事化小、小事化了"的敷衍心态,应讲求方式方法,用简单的步骤去解决复杂的事情,同时遵循流程,确保工作井然有序地开展与解决。

第二,加强学籍学历管理工作规范性。学籍异动具有反复性、不确定性、多样性,资助津贴发放和学籍有着非常密切的联系。学籍学历管理人员务必严格遵守学籍管理工作的相关规定,结合学校人才培养目标和办学特色,不断修订完善本校的《学籍管理工作实施细则》,切实做到每项决定都有据可依,重视学籍管理人才培养,提高相关人员的法治意识,推动学籍学历管理信息化、科学化、制度化建设。

（撰稿人：周赛君、谢丽）

预科生申请社会类助学金的资格审定问题

【案例简介】

李同学是 A 校 2019 级的少数民族预科生,家庭经济情况比较困难。入学后,李同学通过了学校的家庭经济困难认定并被认定为特别困难;经过他本人的自主申请、院系评选、学校审核等流程和环节,成功获得了 2019—2020 学年国家助学金。

李同学了解到学校还有社会类助学金以及针对本科生的生活补贴。考虑自己的家庭收入水平较低,李同学向辅导员明确表达了想要参评新生的社会类助学金和申请本科生生活补贴的意愿。根据学校的规章制度,新生的社会类助学金和本科生生活补贴都只面向拥有本科学籍的学生,李同学作为预科生,学籍资格不符合参评条件。因此,辅导员将相关规定告知了李同学,并驳回了他的申请。李同学对于辅导员的处理结果表示不理解和不满意,于是向 A 校学生资助管理中心进行咨询,希望学校给出令人信服的答复。校学生资助管理中心的老师在充分了解事实情况后,并没有立刻给出判断和答复,而是首先让 A 同学充分表达了自己的真实想法和诉求。A 同学向该老师表示,自己虽名为预科生但考取的是本科预科,在学满一年后就能升为名副其实的本科生,所以认为学校多项社会助学金将预科生排除在参评范围之外,有失公平。

面对 A 同学的真诚表达和尖锐质疑,校学生资助管理中心的老师向他耐心介绍了国家资助政策规定,详细解读了文件内容。该老师表示,学校的资助体系十分健全,有多项资助项目可以帮助学校预科生缓解经济压力,顺利完成学业。经过该老师不厌其烦的讲解后,李同学彻底打消了之前的想法,反思自己的胸襟不够宽广,缺乏一定的同理心和共情能力,并对该老师表示了感谢。

【案例分析】

本案例涉及的是预科生申请社会类助学金的资格审定问题。

第一,坚守规则边界,杜绝"破例"行事。根据《普通高等学校少数民族预科班、民族班管理办法（试行）》（教民〔2005〕5号）、《普通高等学校少数民族预科班、高层次骨干人才硕士研究生基础强化班管理办法》（教民〔2010〕11号），民族预科班是指对当年参加普通高等学校招生全国统一考试、适当降分、择优录取的少数民族学生，实施高等学校本、专科（高职）预备性教育的一种办学形式。本案例中，李同学是预科生而非本科生，学校根据学籍学历管理规定和资助管理规定对李同学作出不给予面向新生的社会类助学金和本科生津贴的处理合情合理，无不当之处。

第二，呵护祖国栋梁，服务学生为本。学校学生资助管理工作应充分尊重学生的主体地位，倾听学生的利益诉求，把握学生的思想动态，在规则教育的同时使资助管理工作充分地服务于学生的成长成才。本案例中，校学生资助管理中心的老师没有阻拦学生表达诉求的机会，没有急于定基调、下结论，而是在耐心地倾听学生的想法和见解后，再给予解释与指导，从而使得学生的诉求得到了妥善的解决。

（撰稿人：魏楠）

转专业学生奖学金评选的程序正义

【案例简介】

王同学于 2018 年 9 月考入 A 校 B 专业。入校学习数月后，王同学发现自己对该专业的学习兴趣比较淡薄，于是学习主动性逐渐变差，同时对 C 专业产生了浓厚兴趣和学习欲望。第一学年底，王同学顺利通过了学校的转专业考试，成功转专业至同年级不同院系的 C 专业就读。

2019 年 9 月，学校开展了 2018—2019 学年各项奖学金评选工作。王同学在核算自身奖学金评选加权分数时，发现自己的加权分在新转入的 C 专业中排名更靠前，而在原转出的 B 专业中排名则较为靠后，并且 C 专业的奖学金名额多于 B 专业。因此，王同学向辅导员提出了自己想在 C 专业中参评奖学金的请求。按照学校相关规定以及 2018—2019 学年奖学金评选工作的具体通知，转专业学生申请奖学金时，所参考的成绩应该来自 2018—2019 学年所就读的年级和培养单位。因此，C 专业所属院系遵照相关规定拒绝了王同学的请求。

王同学对院系的处理结果表示不认可、不接受，遂向该校学生资助管理中心提出异议。王同学表示，自己目前已就读于 C 专业，理论上、事实上都已经拥有了新的专业身份，理应按照新的专业身份参评奖学金。学校学生资助管理中心的老师在充分了解事件的具体情况后，向王同学详细地说明了学校奖学金评选工作的相关规章制度。不同院系与专业之间因学科的差异，其具体的课程体系和培养方案存在着不同程度的区别，加之各单位对于学生德智体美劳等综合素养和综合素质的加权分数也各有侧重，因此不同院系与专业学生的奖学金评选工作细则不可以通用，应当具体问题具体分析。如果用 B 专业的学习成绩来参与 C 专业的奖学金评选，不仅情理上说不通，程序上也违反了公平原则。学校学生资助管理中心的老师鼓励王同学，希望他能够在新的学年里继续努力，保持良好的学习态度，争取在下一次的奖学金评选中有所收获。王同学表示对奖学金政策有了深入了解，认识到自己提出的要求不合理，表示今后会按照规则办事，努力学习。

【案例分析】

本案例涉及转专业学生奖学金评选的程序正义问题。

第一，管理工作要做到有理有据，合乎规则。对于转专业学生的奖学金评选工作要求，该校不仅在学校制定的各项奖学金评审细则中有明确的规定，还在本预科生奖学金评选工作通知中进行了强调。本案例中，学校严格按照现行的规章制度和发布的通知文件开展工作；解决问题时，做到了理性沟通，用规则说话，用事实说话，确保做到管理工作合情、合理、合规。

第二，服务学生要做到充分关注，积极引导。奖学金评选工作是高校学生教育管理工作中的一项重要内容。奖学金评选关系学生的切身利益，对于学生具有物质激励和精神激励的双重作用。高校学生具有学习热情高涨、自尊心和荣誉感强的心理特点，如能恰如其分地对他们的学习成绩和努力成果予以肯定和奖励，将会有效地激励学生保持积极向上的态度和不断进取的精神。王同学内心渴望获得奖学金，学校则积极地从正面引导他通过努力学习来获取更高的荣誉。本案例启示教育管理工作者应当密切关注学生的思想状况和心理诉求，并借此鼓励学生奋发向上、创新争优，同时也要及时地对学生的努力成果给予充分的肯定，以此形成良性循环。

（撰稿人：周赛君、王东亮）

八、特殊群体学生管理

中共教育部党组印发的《高校思想政治工作质量提升工程实施纲要》(教党〔2017〕62号)明确提出,要切实构建"管理育人质量提升体系",把规范管理的严格要求和春风化雨、润物无声的教育方式结合起来,强化科学管理对道德涵育的保障功能,大力营造治理有方、管理到位、风清气正的育人环境。本章节选取了高校特殊群体学生管理的5个经典案例,包含少数民族学生(含预科生)、征兵入伍学生、残疾学生、留学生等,并参照《普通高等学校学生管理规定》的文件精神,通过具体案例解读来探析特殊学生管理如何在"同"与"不同"之间寻求平衡点,通过全员、全过程、全方位的管理举措汇聚育人的同心力。

第一,特殊群体学生管理要选好配强骨干队伍,积极探索全员育人。要充分激发学校多岗位、多角色的管理育人效能,联动学工、教务、机关、后勤等多个部门的育人骨干队伍。例如:针对少数民族学生,充分考虑其特性需求,遴选学业导师利用周末、寒暑假时间对其基础学科进行强化教学,一对一地解决少数民族学生学业基础薄弱的现实问题;辅导员可与人生发展导师、心理健康中心的咨询师等携手,定期通过团体或心理辅导,帮助学生正确应对因文化差异、语言壁垒等因素叠加导致的各类问题;在机关中选树优秀党员聘任为少数民族学生兼职班主任,充分发挥机关岗位的优势,引导少数民族学生树立良好的祖国观、民族观;在班级中任命民族联络员,定期关注少数民族学生动态动向,做到全员参与、全程教育。

第二,特殊群体学生管理要抓实抓细首末环节,深入推进全过程育人。要始终明确管理育人的核心内容,做好顶层设计、把脉关键环节,建立有始有终、循序渐进的特殊群体学生管理模式。例如,针对征兵入伍学生,既要做好入伍的行前管理与服务,打通学校与军队的育人通道,又要在学生退伍后做好管理和善后工作,在体制机制上优化退伍学生的返校复学程序,及时处理学生转专业、直升研究生等学籍管理、学业推进事宜。与此同时,注重激发退伍大学生复学后的专业特长与自我价值,积极搭建退伍大学生成长平台,鼓励其利用兵营经历,在专业学习、社会实践等多个层面奋发进取,在军训实训等阶段发挥模范带头作用,将学生的军旅经历、投军情怀等作为管理育人的有力支点,促进退伍大学生的长远发展和长足进步,激发高校育人新活力、新效能。

第三,特殊群体学生管理要建立健全体制机制,长效落实全方位育人。要结合特殊群体学生的特殊需求修订完善大学章程、校规校纪、纪律公约等管理制度,健全特色化的评价体系与保障功能。例如,针对留学生,依据学生管理办法的有关规定和各专业人才培养方案的要求,从机制上进一步创新完善留学生的全方位培养制度,积极应对其因文化背景等导致的人际交往问题,因学分不达标等导致的留级、延期毕业问题,将"事后"处理转变为富有弹性的"事前"预防警示与"事中"积极弥补,通过建立留学生学业预警档案、留学生个人发展数据库等跟踪记录留学生成长特点,总结归纳留学生问题处理规章,积极践行以生为本的育人理念,实现育人成效。

主动关注预科生结业转入本科专业

【案例简介】

A 同学为某高校民族教育学院预科生,在校期间学习勤奋努力,积极参加各类社会实践活动,表现良好,曾获得校级"优秀团员"称号。A 同学因成绩优异而提前考核合格并取得结业证,准备选择自己心仪已久的专业就读并进入本科学习阶段。

普通高等学校举办民族预科班、民族班是党和国家加快培养民族地区人才的特殊政策措施,是高等学校应尽的责任和义务。少数民族预科生作为特殊群体,各高校在遵循《普通高等学校少数民族预科班、民族班管理办法》(教民〔2005〕5 号,以下简称《管理办法》)文件基础上,会结合学校的实际情况制定各自的管理方法与政策。该校根据文件精神,结合学校招收少数民族预科生(以下简称预科生)实际情况,制定了预科生结业转入本科阶段学习专业分配实施办法。学校工作小组首先认真核实该生的基本情况,同时根据当年分省、分专业招生计划情况确定预科生结转专业计划,结合该名学生当年高考文化成绩、预科阶段学业成绩和操行表现进行综合评定,计算学生的转入成绩,并准予学生结业。转入成绩=高考文化课成绩总分/高考满分×100×50%+学期期末考试成绩总分(含预科结业考试)/期末考试满分×100×40%/N+德育测评成绩×10%。(N=学期数)

依据学校文件,预科生获准结业者,予以转入本科阶段学习。由于该生预科学习期间没有受过行政处分,并获得校级"优秀团员"荣誉称号,在校表现较好,群众基础也较好,且因成绩优异提前结业,因此可优先选择专业。根据流程,招生办公室按照专业分配原则确定预科生转入专业,并报学校招生工作领导小组审批后公示。公示无异议后,统一发放录取通知书。该学生持录取通知书按照学校要求进行报到,顺利开始本科阶段学习。

【案例分析】

本案例中,A同学因成绩良好、品德表现突出,从预科班结业提前转入本科阶段,顺利开始本科专业学习。学校在处理预科生提前结业转入本科专业学习问题上有理有据,量体裁衣,值得借鉴和学习。

第一,坚持程序正义工作理念,尊重学生,敬畏规则。学校根据文件精神制定预科生结业转入本科阶段学习专业分配实施办法,并严格参照实施办法计算学生转入成绩,进行专业分配,保障了学生的合法权益。在具体操作中,学校通过对学生的情况进行核实,进行对分数合理计算、专业分配以及审批公示等方式,确保了预科生提前结业、进入本科学习的流程规范有序,公平公正。若有学生提出异议,应由纪检监察部门第一时间受理并进行复查、复核。

第二,坚持立德树人根本思想,进行正向教育引导。《管理办法》中提出举办和管理民族预科班、民族班,应当把德育工作放在首位。案例中转入成绩计算方式中德育测评成绩占到10%,符合文件的德育导向。同时,注重挖掘和培养少数民族学生中的优秀典型,对激励预科生群体有重要作用。案例中针对品德表现突出、学业成绩优良的学生,学校依据流程提前让其转入本科学习,在预科生中树立了榜样典型,从而激励更多的预科生刻苦学习,奋勇争先,努力成长为全面发展的新时代优秀大学生。

第三,坚持以学生为中心思想,引领学生卓越成长。学生因个体特点和学习能力差异,在发展过程中呈现出不同的趋势。但在学校的管理中,常会忽略了学生自主性,过分强调整齐划一而忽视学生的个性发展。所以应从实际出发,在有法可依的前提下,使每个人的才能、品行获得最佳发展,确保每一位学生都受益。案例中学校严格落实分数计算和专业分配,保证学生合法权益的同时,为学生的卓越发展提供了平台。

（撰稿人：陆敏、艾美伶）

留学生违纪处分的合理合规处理

【案例简介】

A校B国国籍留学生周同学,作为大一学生在异国他乡尚处在适应期,学习、生活等方面有一些困惑和压力。该生整体上努力上进,综合表现积极,不过性格急躁、易冲动,特别是遇到突发情况容易冲动行事。某日,该生在校外与校外人员发生争执,因双方沟通效果不佳,周同学未能控制住自己的急躁脾气,冲动之下与对方大打出手且造成对方轻伤,影响较为恶劣。周同学在事后对自己的冲动行为后悔不已,主动承认错误并及时承担赔偿责任。

了解到周同学在校外打架斗殴并造成对方轻伤一事,A校非常重视,积极介入并对周同学的不当行为给予违纪处分,同时秉着教育引导帮扶,教育为主惩罚为辅的原则,多举措助其个人发展成长。所在院系及学校留学生负责老师充分了解事情的缘由、经过和结果,依据学校《学生违纪处分办法》给予该生记过处分,告知其处分解除的规定和办法,同时加强对该生的教育引导,进一步帮助其反思和调整状态;院系及校留学生办公室强化对该生的常态化教育引导,安排学生辅导员、住楼管理员不定期与该生进行沟通交流,关心其近况的同时给予必要的指导,鼓励其积极参与丰富多元的大学生活;针对其学业基础较差、多次挂科的情况,院系邀请专业导师与该生进行谈话指导,组建包括学习委员等在内的朋辈导师团队对其进行学业帮扶。由此,该生在学业方面也逐渐克服困难,取得了很大的进步。在学校和学院的多方帮扶和教育引导下,该生在违纪处分期间综合表现良好,自我成长蜕变也相对成熟。

处分期满,周同学向学校诚恳、郑重地提交了处分解除申请。学院负责老师及时受理了该申请。经本人申请、同学评议、院系审核、学校讨论等程序,该生在《学生违纪处分办法》规定的时间内顺利解除了记过处分,并表示在以后的学习生活中会以高标准严格要求自己,向留学生群体中的榜样人物看齐,成为全面发展的优秀大学生。正如周同学所表示的,其在处分解除后以实际行动不断进步,成为优秀的留学生代表。

【案例分析】

本案例涉及高校留学生违纪处分的问题。从对周同学作出违纪处分，到处分过程中的教育引导和积极帮扶，再到对其处分解除，学校和学院在整个处理过程中做到了有理有据，对违纪学生情法兼容，值得借鉴和学习。

第一，有法可依，情理兼容。《普通高等学校学生管理规定》明确规定："除开除学籍处分以外，给予学生处分一般应当设置 6 至 12 个月期限，到期按学校规定程序予以解除。解除处分后，学生获得表彰、奖励及其他权益，不再受原处分的影响。"高校针对学生违纪现象和具体违纪行为，通常会制定一系列预防与解决对策。这些"清零"规定提供了解除处分的改过机会以及处分解除后的公平竞争机会，帮助违纪学生重新确立努力的方向。

第二，多措并举，积极教育。学校教育的目的是让学生不断走向自律和成熟，引导学生主动为自身错误行为承担相应责任，并结合自身独特的优势资源扬长补短、重新确立努力的方向。对于违纪学生，高校对其开展多维度的跟踪教育，如积极心理援助与辅导、专业导师谈心谈话、朋辈学生日常帮扶等，多措并举调动违纪学生积极向上的潜能，提升其追求进步和发展的动力；提供解除处分的改过机会以及处分解除后的公平竞争机会，让学生看到前进的希望和进步的方向。

第三，因势利导，协同管理。高校充分发挥管理在育人中的基础性、保障性作用，促进学生差异性、多样性、层次性的个性发展。每一个违纪学生都是特殊的个体，留学生周同学作为较为特殊的个体，其违纪后得到多部门的关注，包括留学生办公室、学院等多方力量协同，引导违纪学生理性地看待学校的规章制度，从思想上和行动上引导其积极转变。通过多部门协同发挥合力，充分挖掘违纪学生的成长动力，对其开展思想和行为成长蜕变时期的积极教育，从而将育人融于日常具体管理之中。

（撰稿人：沙炜娟、章申）

退伍学生复学后转专业的关心帮扶

【案例简介】

A校本科生董同学大三时积极响应国家的号召,作为大学生士兵应征入伍服义务兵役。两年服兵役期间其表现良好,获得"优秀士兵""优秀哨兵"等荣誉称号。2017年退伍返校后,该生发现自己对原专业地理专业基本没有兴趣,不想继续就读,希望转入中文专业。

A校《征兵通告》中指出,"大学生士兵退役后复学,经本人申请、学校批准并报市教育部门备案,可转入本校其他专业学习"。这一方面是给应征入伍学生的优惠政策,另一方面也是为学生提供了更多选择的机会,为学生的成长提供了更多有利的空间。考虑到该生已经是大学三年级,再加上该生应征入伍两年,同班同学已经毕业,如果转专业,对于该生来说要从大一重新开始。从地理专业转入中文专业,其培养方案完全不同,只有部分课程可以转换学分,未来四年要毕业有一定难度;而且进入新的专业、新的班级进行适应,对于该生来说也存在一定挑战:一方面该生的年龄比其他同学大,另一方面是时间成本,转专业就意味着该生本科阶段需就读8年,易诱发人的心理困扰。

为此,学校组织了董同学原来的辅导员和即将担任该生辅导员的老师了解该生的情况,并通过深入访谈,详细告知该生转专业后可能面临的困难和问题。董同学表示还是希望转入中文专业,并表示自己会处理好可能遇到的困难,在部队锻炼的两年让自己成长了许多,也更有勇气面对自己的选择。看到该生坚定的决心,学校决定充分考虑其意愿。最终其顺利通过了学校组织的面试,转入了心仪的专业。

转入新专业后,董同学非常努力;再加上部队的锻炼,该生在处理问题和人际交往时更加有经验,受到了老师和同学的一致认可。辅导员鼓励其竞选班委,该生顺利当选为班长。在接下来的学习和工作中,该生更加认真,不仅荣获了国家奖学金、优秀学生等荣誉,还坚定了读研继续深造的决心。

【案例分析】

董同学退役后选择转入自己喜欢的专业,尽管从时间方面来说可能比其他同学要多花费4年,但是其中的努力和成长是董同学最大的收获。在本案例中,学校在处理转专业的问题上能够在考虑多方因素后支持该生自己的选择,值得借鉴。另外,在该生转专业后,辅导员根据该生的特殊情况,帮助其更好地适应新的环境,鼓励其融入集体,开始新生活,能够使其更好地成长。辅导员的做法值得学习。从案例可以看出,在处理退伍学生复学后转专业的问题上需要注意3个方面。

第一,坚持以人为本,全方位育人。转专业的设置,是为了更好地发挥学生的特长,让学生能够更加主动、积极地学习。高考选择志愿的时候很多学生还不能明确自己的兴趣所在,但是在进入高校学习后却出现了不少学业不适应、动力不足等情况。转专业在一定程度上是给予学生第二次选择的机会,从而使其更好地成长、成才。

第二,尊重学生选择,助力学生成长。在实际操作过程中,退伍转专业学生因为部分课程已经修读过,在新专业中与班级同学课程选择不同,在班级中容易被边缘化。这就需要辅导员因势利导,注意发掘转专业同学身上的优势和闪光点,利用班会、班委选举、班风建设等时机,给予退伍同学展示的机会,让他们能更好地融入班级、更好地成长。

第三,关注学生心理成长,润物无声。通过谈心谈话,了解学生的心路历程,关注学生的心理健康,在学生成长的路上,一句鼓励、一句安慰、一句关爱,都可能成为其成长的关键动力,育人工作更需要春风化雨、润物无声。

(撰稿人:陆云鹏、章申)

少数民族学生学业预警的关心帮扶

【案例简介】

某高校大一学生 A 同学，是少数民族。该生父母皆为当地农民，家庭经济条件困难，家里有兄弟姐妹 6 人。由于其性格内向、孤僻，与宿舍室友、班级同学交流较少。该生刚进入大学便沉迷于网络游戏，并出现旷课情况。起初只是偶尔的几次旷课，后来逐渐恶化至几天不上课，以至于多门课程挂科。根据该校《学籍管理规定》的相关条款，大一学年累计不及格课程达 10 学分或者在校期间累计不及格课程达 15 学分，将会被予以一次"学业警示"。该生第一年累计不及格课程达 10 学分，教务处和学院向学生出具书面预警。如果累计 3 次因课程不及格而造成"学业警示"，该生将被予以"退学预警"。问题出现后，A 同学所在院系及时对其各项情况进行深入了解，建立个人学业档案，探析问题根源，在第一时间分析该生出现挂科的症结和原因，并开展系列帮扶工作。

辅导员、班主任等对该生进行思想上的正确引导，帮助其树立正确的人生观和价值观。利用周末和平时课余时间，频繁地与 A 同学进行深入交流，帮助他重新认识大学生活，树立自信心。在此过程中，发现 A 同学由于成绩、家庭等原因过于自卑，心理上产生了一定的障碍，便及时与学校心理咨询（医疗）机构联系，共同制订心理帮扶方案。相关任课老师通过课上提问和课后指导等方式加强对该生的学业帮扶，并在班中指定学习成绩较好的同学轮流进行"一帮一"互助学习，从课堂笔记到课后作业对其进行全面的辅导，为该生营造良好的学习氛围。辅导员与班主任老师还发动其室友和热心同学帮助引导他参加各类集体活动。在丰富多彩的校园生活中，其感受到集体的温暖，摆脱了网络游戏的困境。学校同时向家长寄发学业预警通知书，反映该生的学业情况与思想状况，让家长与学校一起配合给予 A 同学更多的关心和帮助。经过多方的共同努力，A 同学的成绩有了较大的起色，不及格的课程通过补考和重修皆通过，最终得以顺利毕业。

【案例分析】

本案例涉及的是少数民族学生因学业困难而产生的学业预警问题。面对出现学业预警的少数民族学生，学校介入及时、处理得当、有章可循，最终取得了较好的成效，经验方法值得学习和借鉴。

第一，学业预警，事前预防。面对学业困难的学生，"事后处理"的方式在给学生本人和家长带来困扰的同时，也容易造成家校矛盾，进而影响学校对学生的管理与培养质量。"学业预警"作为一种高等教育管理方式，分为初预警、期中预警和期末预警3个阶段，有助于持续关注学生在学习过程中的不同阶段，密切观察学生动态，及时对学生本人及其家长给予警示并告知可能产生的不良后果，并有针对性地采取有效的补救措施和防范手段，改善了"事后处理"的方式，从而提升学校育人质量。

第二，多方介入，全员育人。大部分少数民族学生来自贫困偏远地区，由于地域差异，学业基础与经济发达地区学生有较大差距。学校与培养单位应该积极为少数民族学困生提供相应的师生指导资源与平台，利用假期对其基础学科进行加强，发挥辅导员、班主任、专任教师、朋辈群体等不同角色的力量，利用各种途径帮助少数民族学生尽快适应学习和生活节奏，实现进步。

第三，以生为本，因材施教。除了学习环境的差距外，少数民族学生还面临在生活环境、思维观念等方面的差异。入学后应根据少数民族学生的特点，有针对性地加强少数民族入学适应教育，根据群体的特殊性因材施教，开展爱国爱党、爱社会主义的红色教育，引导学生树立良好的祖国观、民族观。建立少数民族学生的安全联络人，定期关注少数民族学生的动向，完善少数民族学生的管理系统，持续完善普通高校少数民族学生管理工作，从而提升学校管理育人的效率和质量。

（撰稿人：王盼琛、万姗姗）

视觉障碍学生个性化培养

【案例简介】

A校大一王同学，系视觉障碍学生。其家庭成员包括务农的父母和一位已出嫁的姐姐，家庭经济状况不佳。进入大学之后，由于视觉障碍，该生在专业学习和日常生活等方面皆存在不便。为了避免该生出现学业困难等问题，该生所在院系充分了解王同学的情况后，联合学校各部门共同为其制定了个性化的帮扶方案。

A校根据以往针对视觉障碍学生的帮扶经验，逐步构建了科学合理、可行有效的残障学生育人模式，专为视觉障碍学生提供了无障碍学习空间。该学习空间是为在校视觉障碍学生专门策划设计的，学习资源有盲文教材、盲文图书、盲文点显器、自动显读机和盲文打印机等，学习空间出入口设置盲道，电梯设有盲文按键，房间门口有盲文标牌。

在学业方面，A校为王同学调整相关课程，设计个性化培养方案。任课教师在授课过程中，将部分内容做有机调整；在考试命题时，请盲文学校协助翻译、印制盲文考卷并单独安排监考；组织研究生助教团队，为该生检索方便使用的电子书，并给予其学习上的答疑和帮助；组织爱心团队，每天陪同该生上课、自习。这些举措让有视觉障碍的王同学充分体会到学校给予的各项支持和尊重。

在生活、社交方面，该校各学生社团鼓励视觉障碍学生积极参与学校各项活动。"比起优待与特权，他们更需要是平等与融入。"学校和学院给予王同学表现和锻炼自我的平等机会，从人文关怀、物质帮助、学业和心理指导等方面积极投入，培养该生独立自主、适应社会生活的能力，鼓励他积极参加各类班级集体活动、文艺活动、志愿者服务，关心帮助其全面地成长。

在多方努力下，王同学本科4年期间较好地融入了集体，发挥了个人兴趣特长，积极参加学校和院系的各项活动，并顺利完成了学业。毕业后他与大学的伙伴共同创业，专门致力于解决视觉障碍群体的需求，用自己所学的知识回馈同样需要帮助的人群，真正做到社会为我、我为社会。

【案例分析】

本案例涉及的是视觉障碍学生如何融入普通高校学习和生活的问题。《残疾人教育条例》第二十二条，明确表示招收残疾学生的普通学校应当安排专门从事残疾人教育的教师或者经验丰富的教师承担随班就读或者特殊教育班级的教育教学工作，并适当缩减班级学生数额，为残疾学生入学后的学习、生活提供条件便利，保障残疾学生平等参与教育教学和学校组织的各项活动。面对视觉障碍等残障学生群体，学校积极凝聚育人资源、为残障学生保驾护航。这种经验和做法值得借鉴学习。

第一，打造残障学生专门空间。以视觉障碍学生为例，残障学生在大学校园里需要有专属专用的空间，学校各个部门（后勤为主）要给予有生理障碍的学生一定场地、人力、物质资源方面的支持，使其日常生活、学习拥有基础的空间保障和硬件支持。

第二，健全残障学生专用系统。针对残障学生，需要在学生的学籍系统中填写专有信息，包括残疾类型、就读类型、残疾证明类型、残疾证书号等。实施个性化的学籍管理方法，让更多残疾的特殊学生融入普通高校的学生群体，从而实现全纳教育。

第三，提供残障学生专属机会。教育是有温度、有情怀的事业，对于残障学生更需要给予充分的关注和关爱。随着越来越多有特殊需要的残疾学生进入普通高校，教育过程的公平越来越迫切，亟须建立高等特殊教育支持保障体系，为残障学生提供成长成才的平等机会，真正落实以学生为本。

（撰稿人：王盼琛、万姗姗）

九、信息变更

信息变更主要是指对学生基本信息变更或者勘误,包括姓名、身份证、性别、民族等。学生的个人信息与学历证书的颁发填写有直接的关联性,学生个人信息不准确,或与学生本人情况不符,将会影响到学生的切身利益。

《普通高等学校学生管理规定》第三十四条,对学生在校期间变更姓名、出生日期等要求进行了明确规定:信息变更"应当有合理、充分的理由,并提供有法定效力的相应证明文件。学校进行审查,需要学生生源地省级教育行政部门及有关部门协助核查的,有关部门应当予以配合"。

信息变更工作是一项基本常规工作,但这项工作占用了高校教师很多的精力和时间。主要原因是涉及不同省市、不同管理部门,有些涉及高考加分、考试资格等政策性问题,还有很多信息变更时间久远,档案材料不全,导致无法判断。所以,高校在审核学生信息变更申请的时候,要结合具体情况,为学生提供具体的指导和帮助。

第一,信息变更要遵循客观、真实原则。

一是要把握信息变更的时间范围。根据《普通高等学校学生管理规定》,信息变更是对学生在校期间信息进行变更,录取之前、毕业之后学生姓名、身份证等信息变动,不影响在校期间客观写实的记载。

二是要区分情况采用不同的核实方法。招生数据错误需要勘误的,应向生源地省级教育行政部门核实。这主要是防范通过弄虚作假、冒名顶替、高考移民、特殊加分来进行不公平竞争,后期通过信息变更的手段洗白、掩盖。

三是要规范流程做好核实。高校负有对学生信息的变更申请进行核实的责任。应该制定信息变更的流程,并告知学生。在审核过程中,要详细了解学生信息变更的理由、核实证明文件、比对相关档案资料等。对于一些明显不合常理的信息变更,如年龄大改小前后相差较大,可以进一步询问缘由来判断信息变更的合理性。

在信息变更过程中学校要严格把关,对信息进行必要的核实。这是学生管理体系的一个重要组成部分，只有依法、规范，才能创造良好的学风校风，才能保证高等教育的健康良性发展。

第二，培养学生树立法治观念及公民意识。

从管理育人的角度来看，高等教育的目标之一是培养具有法治观念，遵守法律、法规，遵守公民道德规范的合格公民。在信息变更处理中，应结合育人的理念给学生以规范引导。

一是在校期间发生的变更，需要由学生提供具有法律效力的文件。学生应提供合法的证明材料，不能因为个人需要隐瞒事实、提供虚假证明。在一些案例中，学生为了达到信息修改的目的，向学校隐瞒真实情况，提供了不实的佐证材料，强硬要求对信息进行修改。学校应坚持原则，守住底线，对学生的不诚信行为坚决予以批评。

二是一些信息错误是由于学生自己在填写报名表、登记表时失误导致的。高校应引导教育学生注重和珍视自己的经历，从细节处着手，关心关注自己的成长。

三是学校作为办学主体，有责任提醒、督促学生对自己的信息进行校对核查，对学生的信息更改申请有核查责任和义务。学生本着对自己负责的态度，一定要对自己的信息进行仔细核对，发现问题要马上向学校提出更改申请，并提供合法合规的佐证材料。

为进一步杜绝高等教育中冒名顶替、弄虚作假的行为，教育部也在努力通过学信网与公安部人口库进行对接比对。现今，公安户籍和教育部门的数据融合联通，共享大数据，使得学校缩短了核实勘误流程，利于快速反应，作出正确判断。

第三，把握坚持原则和服务学生的平衡关系。

学生提出信息变更时，往往有其特定的需求目标，比如升学、考试、就业升职等，有些会反复催办。高校应在坚持工作原则的同时，帮助学生解决合理合情的困难，如尽量加快办理速度，在不能进行信息变更时候提供一些替代解决方案或者咨询等。

学校不但要以事实为准绳、以法律为依据，用实事求是的态度来解决此类问题，还要重视学生的诉求，了解学生的真实需求，维护学生权益，把握好坚持原则和服务学生的平衡关系，做到有理、有利、有节，工作经得起时间的检验。这样才能更好更深入地服务学生，维护学校声誉。

信息变更依据不同类型分别处理

【案例简介】

案例一:2018 年 7 月,李 X 同学被录取为 H 大学的新生。对未来满怀憧憬的他有一个小小的心结,就是自己的姓名太过于普通,他一直想改一个有内涵、更高雅的名字。于是他在去大学报到之前,到户籍所在地公安部门更改了自己的姓名,变更后叫李 A。

转眼到了 2018 年 9 月,开学的日子,李 A 同学到学校报到,却碰到了一点麻烦。学校明明录取的是李 X 同学,现在李 X 同学没有来,来了的同学叫李 A,核对身份证、录取名册,身份证号码一样,但是名字不一样。

面对这一情况,学院没有简单拒绝李 A 同学的入学要求。而是听取了他的陈述,要求李 A 同学对更名情况进行说明,到派出所开具身份信息变更证明。学院将李 A 同学入学前更名的情况上报到 H 大学籍学历管理部门。向公安部门核实情况属实后,H 大学给李 A 注册了学籍。李 A 同学终于用新的名字开始了他的大学生活。

案例二:学生傅同学,从小到大没有改过名。2018 年 7 月,傅同学考上 H 大学。9 月,他到学校报到时,学校老师发现录取名单上面写的是"付同学"。

学院询问傅同学姓氏不一致的原因,原来傅同学有个习惯,签名时候喜欢把自己的姓写成"付",这样可以节省一点笔画。高考报名填表时候他习惯性使用的是"付"姓,并认为"付"和"傅"是一样的。

因为傅同学拿不出姓名变更的依据,学院于是请他提供了自述材料、身份证复印件等佐证材料,并将此事上报给 H 大学招生办公室。招生办公室向傅同学生源地招生部门发函,请求核实傅同学的身份信息。

经过漫长的调查过程,生源地招生部门终于核实傅同学所说事情属实,并且在学信网上将录取数据改正为"傅同学"。这时距离开学已经近两个月了,傅同学才取得了大学学习的资格,一颗悬着的心才踏实落地。

【案例分析】

李 A 同学和傅同学,同样是在入学环节发现姓名与录取姓名不一致;学校对两者处理的方法不一样,一个是需要提供身份变更证明,另一个需要发函到生源地进行核查。这是因为造成"不一致"的原因不一样。

根据《普通高等学校学生管理规定》第三十四条:"学生在校期间变更姓名、出生日期等证书需填写的个人信息的,应当有合理、充分的理由,并提供有法定效力的相应证明文件。学校进行审查,需要学生生源地省级教育行政部门及有关部门协助核查的,有关部门应当予以配合。"

李 A 同学是依法进行了姓名变更,具有法律效力,虽然姓名变更的时间节点在高考之后、大学入学之前,严格来说不符合《普通高等学校学生管理规定》第三十四条中"在校期间变更姓名"这个前提条件。但是这段时间是高校学生管理的真空期,学生虽然没有取得正式大学在校生身份,但是属于学校的准在校生,可以参照执行,否则在此期间发生的身份变更会出现"两头不靠"、推诿扯皮等情况。

傅同学的身份信息没有发生过变更,但是因为高考报名环节自己填写错误,导致录取信息与本人信息不一致。这种不一致需要找到错误的源头进行勘误,因此学校发函生源地相关部门请求核查,《普通高等学校学生管理规定》也同时规定"有关部门应当予以配合"。但是整个过程环节比李 A 同学就复杂了很多,时间也被拉长。

（撰稿人：罗岳峰）

妥善处理更改出生日期引发的问题

【案例简介】

2018 年 9 月某日，A 校毕业生张同学来到 A 校学籍管理科要求更改毕业证书。张同学说学校将他的出生日期弄错了，应该是 1977 年 4 月 20 日，现在证书上写的是 1982 年 9 月 20 日，提出修改申请。

学校老师耐心接待了张同学，在经过信息核对以后，发现证书与招生时候学生自己填报的信息是一致的。此时张同学又改称当初进校读书填写的是这个出生年月，但这个出生年月被公安局搞错了。他在毕业后该身份证号码被注销，要恢复以前的身份证号码。

学校了解情况后，向学生解释，如果公安户籍部门把出生年月搞错后进行变更，应该出具规范的证明文书，户口本上也会有更正记录的。在流程上，首先张同学要提出申请，提供合法证明材料。

张同学提供了 5 份材料：一份"身份证注销证明"，落款时间为 2017 年 10 月 19 日；一份"注销户口证明"，落款时间为 2018 年 9 月 3 日；一份"户口登记项目变更更正证明"，落款时间为 2018 年 11 月 21 日；还有居住证和驾驶证。

对张同学提供的材料，学校经过仔细审核商量后，提出材料真实性存疑，不能有力证明两个身份证号为同一人，对此还需要进一步核查。

档案资料显示：张同学，A 省人，现居住上海。于 2012 年春季报读 A 校，2014 年 9 月毕业。从报名入学到毕业，其出生日期始终为 1982 年 9 月 20 日。张同学于 2018 年 8 月报读本科时被告知，经查验前置学历，其专科学历出生日期与现在不一致，前后相差 5 年。但张同学一口咬定出生日期错误不是自己造成的，且佐证材料上已经写明正确的身份证号，所以"理直气壮"地坚持要改专科学历证书上的出生年月，甚至威胁要向有关部门投诉。

A 校对此事件十分重视，组织专人经过多次深入了解、核查，通过电话联系当事人、咨询张同学出生地公安局派出所，并就张同学提供的佐证材料再三分析研究后认为，张同学要求把毕业证书出生年月 1982 年 9 月改为 1977 年 4 月尚有几处疑点：一是学生先后两次提供的材料不一致，且注销证明上有人为添加字迹；二是没有出具公安机关规范的同名不同号的相关证明；三是户口本复印件里没有体现张同学名下两个身份证号是同一人登记事项变更和更正记载；四是驾驶证核发日期已经表明其在入学前就拥有两个身份证号。

为此，学校专门听取了校办、教务处及有关教育行政部门意见，根据以上事实，教务处出具"关于张同学要求更正毕业证书信息的回复"处理意见："……张同学提出的身份证信息更正属于毕业后行为，且张同学在递交申请过程中提供的材料前后不一致，故不予更改。"张同学知道事情原委后，表示不服，先后到学校校办、市教委信访办、12345进行了信访投诉，历时将近半年。

面对张同学的投诉，管理部门没有推诿，仍然与张同学保持联系。通过学校校办和学籍科老师一次次耐心解释，对其晓之以理、动之以情，张同学终于承认了错误。原来该生是为了快速办理积分落户需要继续就读专升本，才出此下策。学校对其进行了严肃的批评教育，强调勿由"小事"铸大错。这事说小了是涉嫌弄虚作假，说大了是涉嫌违法违规，为一己私利骗取国家资源。张同学也充分意识到了问题的严重性，表示一定吸取教训。另外，学校根据学生的实际情况，通过前置资格复查工作规则，帮助其解决了专科毕业后读本科之前变更身份证号的问题，圆了大学本科的入学梦。

【案例分析】

此案例具有一定的典型性。学校是学生信息变更审核的主要负责单位。学校在处理学生提出的变更请求时，首先应该了解的是变更什么内容、变更时间、变更理由。从这3个方面可以基本判断，是否属于信息变更的受理范围。同时，学校也应该关注，学生目前碰到什么现实的问题。如本案例中，学生需要办理积分落户，所以需要继续就读专升本。

A校通过收集材料，了解信息综合研判，发现张同学入学前有两个身份证，其中一个出生日期为1982年的身份信息曾经被用来就读专科并于2014年毕业，2017年被注销。2018年，因要提升学历继续就读专升本，报考时候发现前置学历和现在身份不一致。

该生身份证被注销是在毕业以后，不属于在校期间的信息变更，不符合变更范围。同时，由于前置学历读书的时候身份被注销，无法进一步就读专升本，学生因此反复进行申诉和信访。学校面对学生的诉求，给予了正面及时的回应，在坚持原则的同时，对学生的不诚实行为也有理有力地进行了批评教育。在学生认识到错误后，学校又设身处地地为学生想办法，通过前置学历清查，帮助学生实现专升本，解决了学生的实际诉求。

（撰稿人：顾峥嵘、罗岳峰）

姓名身份证信息变更的甄别

【案例简介】

张同学系 A 校网络教育专升本在读生，2019 年 9 月入学，在入学后第二个月向学校提出姓名和身份证"双改"申请，要求将姓名变更为张 X，身份证号也同时要求变更，出生年份比原来的出生年份早 5 年。学校收到学生的申请后，收集了相关材料，包括身份证注销证明等内容，通过公文形式发送至上级主管部门。

因其姓名、身份证号均申请变更，特别是出生年份相差 5 年，涉及申请人身份的重大变动。如何证明张同学和张 X 同学是同一人？张同学为何会拥有姓名、身份证信息完全不同的两个户籍？既然明知自己拥有两个户籍，为什么当年没有使用张 X 的身份信息进行报考，是不是存在弄虚作假、徇私舞弊的行为？这些问题都需要抽丝剥茧，层层解答。

上级主管部门请 A 校继续核实信息变更的合理性：一是如何证明两个身份是同一人；二是年龄相差 5 岁，是否和该生前面的学习经历、档案信息内容吻合。建议学校向户籍所在地公安部门发协查函，请当地公安部门协助调查如何取得双重户口、因何原因被注销户口、姓名和身份证号因何发生如此变更等情况。

当地公安部门 2020 年 4 月复函 A 校：调查结果显示，张同学因随祖父母生活，为读书方便，其家属于 2006 年 9 月以无户口为由在祖父母名下申请补报了张同学的户口，造成与其原籍张 X 户口重户。根据户籍管理有关规定，为确保公民户口真实性和唯一性，于 2019 年 9 月 2 日依法注销了张同学虚假重复户口，并给当事人出具了注销户口证明。

因张同学被公安部门认定为虚假重复户口，依据《普通高等学校学生管理规定》，其身份信息与本人实际情况不符，存在弄虚作假等情形，变更申请不予受理，以虚假重复户口获得的学籍应予以取消。学校据此告知了张同学本人，并按照流程进行了取消学籍的处理。

【案例分析】

此案例是学生管理中关于学生入学资格和个人身份信息的甄别问题。《普通高等学校学生管理规定》第九条规定,"学校应当在报到时对新生入学资格进行初步审查,审查合格的办理入学手续,予以注册学籍;审查发现新生的录取通知、考生信息等证明材料,与本人实际情况不符,或者有其他违反国家招生考试规定情形的,取消其入学资格"。第十一条规定,"复查中发现学生存在弄虚作假、徇私舞弊等情形的,确定为复查不合格,应当取消学籍;情节严重的,学校应当移交有关部门调查处理"。第三十四条规定,"学生在校期间变更姓名、出生日期等证书需填写的个人信息的,应当有合理、充分的理由,并提供有法定效力的相应证明文件。学校进行审查,需要学生生源地省级教育行政部门及有关部门协助核查的,有关部门应当予以配合"。第三十七条规定,"对违反国家招生规定取得入学资格或者学籍的,学校应当取消其学籍,不得发给学历证书、学位证书"。

该案例中,学生在入学后提出信息修改申请,从公安机关提供的身份证注销记录来看,属于在校期间的信息变动受理范围。在张同学现有佐证材料无法证实其身份信息变更是否合法有效的情况下,学校采取向学生户籍所在地公安部门发协查函的形式进行调查,公安部门经协查向学校提供了更加翔实的证明材料,为学校判断张同学身份信息变更是否合法有效提供了依据。

(撰稿人:袁栋)

新旧身份混用的合法合规处理

【案例简介】

李同学，2017年被A校录取为硕士研究生。入学一个月后，李同学向学校提出信息变更申请，申请出生年份由1985年改成1992年，年龄改小7岁，身份证号码中的地区码也随之变动。

该生的前置学历为专科，于2011年毕业。2014年，公安机关同意其变更出生年份及身份证号，由1985年改成1992年。2016年底，李同学以专科学历报考研究生时，用出生年份1992年的身份信息报考，审核未通过，因此他用原先的出生年份1985年的身份信息来报考，并被学校录取。

A校收到学生的申请以后非常重视，开展一系列的核查工作，收集了相关资料，包括学生的自述材料、身份信息变更证明、学习经历证明等，对相关材料和证明等进行情况核实。由于对身份变更的原因无法判断，学校发函给当地的公安机关了解情况。公安机关也回函证明该生确实已于2014年10月变更过出生年份及身份证号。

因学生在报考研究生时，身份信息已经变更，但仍以失效的身份信息来报考，属于弄虚作假行为，经学校办公会议决定，确定为复查不合格，取消该生的学籍。

【案例分析】

根据《普通高等学校学生管理规定》第十一条，学生入学后，学校应当在3个月内按照国家招生规定进行复查。复查中发现学生存在弄虚作假等情形的，确定为复查不合格，应当取消学籍。

学校在处理该生的过程中，第一是收集信息、核实情况。本着对学生负责的态度，学校第一时间开展了核查工作，核实其专科、本科毕业生登记表，户口本复印件，并发函到公安机关核实其身份信息变更的时间及原因，确认其以失效的身份信息来报考研究生的事实。

第二是在事实清楚的情况下,按照流程处理。在处理过程中,学校组织相关老师约谈李同学,向他指出这是一种弄虚作假行为,按照学校规定的流程,做出取消其学籍的决定,确保学生有知情权、申诉权。

身份变更是个人的一项权利,公民可以按照公安部门的流程合理合法变更。从公安机关开具的证明来看,李同学身份变更过程是符合要求的,也已经被公安部门认可。该生完全可以按变更后的身份信息来报考,报考时应如实说明情况。该生碰到的问题其实可以通过线下核实的方式来完成前置学历的认定。

该生新、旧身份混用的行为,导致他本人学籍资格被取消,给他带来了深刻的教训。学校在处理这个学生的同时,也可以加强正面引导。如告知他来年可以按变更后的身份继续报考,已经修读的学分可以按照规定给予保留免修,对学生求学向上的精神也是一种肯定和鼓励。

（撰稿人:严青）

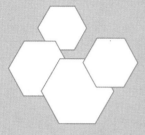

高校学籍学历管理育人特色做法

下篇

复旦大学：实施研究生学籍清理，
促进管理闭环，强化育人保障

自国家恢复研究生教育以来，复旦大学研究生招生、培养、授予学位人数以及在校生规模都取得了长足发展。在为国家和社会培养大批高质量人才的同时，由于各种原因，部分超长学习年限研究生滞留的问题也越发突出，一批 10 多年未毕业的研究生仍处于在籍在校状态，给研究生管理工作带来了巨大挑战。经充分论证，复旦大学研究生院从清理超长学习年限研究生学籍入手，进一步明确硕博士生最长修业年限，对逾期未注册、逾期未复学和学习年限（学制）届满未毕业、结业且未申请延期毕业等应予退学的研究生启动退学处理程序，完善学籍学历管理相关制度，促进管理闭环，强化育人保障。

【实施办法】

超长学习年限研究生滞留问题是多种因素长年积累的结果，处理时既要依法依规祛除沉疴，又要"治病救人"、管理育人。复旦大学研究生院经过多轮研讨和准备，于 2016 年 2 月印发了《关于规范和加强我校研究生学籍管理工作的通知》（研通字〔2016〕3 号），正式启动超长学习年限研究生学籍清理工作。2017 年 4 月，研究生院印发了《关于规范和加强我校研究生学籍管理工作的补充通知》（研通字〔2017〕7 号）。这两份文件明确博士研究生最长修业年限为 8 年，硕士研究生最长修业年限为 5 年，对于超过最长修业年限的研究生将做退学处理，对于临近超期的研究生应做警示。由于此前从未做过学籍清理，积压了大量历史遗留问题。为减少学籍清理工作对正常教学管理带来的冲击，学校设置了一定的缓冲期，对于能够在半年内完成学位论文并提交送审的超期研究生仍允许其适当延长修业年限。

2017 年，教育部颁布《普通高等学校学生管理规定》。复旦大学根据要求修订了《学籍管理规定》和《研究生学籍管理实施细则》。文件对学生学习年限和退学处理做了明确规定，对退学处理的程序也提出了明确要求。在学校法务室指导下，研究生院逐步形成了一套规范的退学处理程序，具体如下。

（1）学期注册截止后，两周内研究生院根据当前在校生学籍和注册情况整理出应予退学处理的学生名单,将本学期退学处理工作通知和应予退学处理名单发研究生培养单位。

（2）研究生培养单位在收到退学处理通知和名单后,在3个工作日内通过电话、微信、短信、电子邮箱等方式通知名单中的研究生,告知学校拟对其做出退学处理、请其收到信息后回复。电子邮件通知内容和邮件附件退学处理通知书内容均为学校法务室审定的标准化表述。

（3）对在拟退学处理通知邮件发出后15日内有回复的研究生,根据情况可终止本次退学处理程序。如学生在两周内经研究生培养单位同意,补办完成相应学籍手续后,在学籍管理规定许可的范围内允许其本人申请退学、补办注册、延期毕业、复学、延长保留学籍时间。

（4）对拟退学处理邮件发出15日后仍未回复的研究生,实施分类处理。对留学生和我国港澳台生,由研究生培养单位在一周内提交退学处理记录表和通知学生的邮件截图材料;对内地(大陆)学生,由研究生培养单位在3个工作日内按照学生学籍登记表中的地址通过EMS寄送退学处理告知书;如寄出20日后仍未收到回复,由研究生培养单位在一周内提交退学处理记录表、通知学生的邮件截图以及EMS投递情况截图。

（5）研究生院根据研究生培养单位提交退学处理材料情况,将退学处理请示分批次报校长办公会议审议。

（6）校长办公会议审议通过后,由研究生院根据审议结果作出退学决定书。研究生培养单位负责告知可联络的研究生到研究生院领取退学决定书。对于失联研究生通过网络公示的方式送达退学决定书,公示时间为60天,公示内容为法务审定的标准化文本表述。

（7）研究生对退学处理有异议,可以按照《复旦大学学生申诉处理条例》在规定时间内提出申诉。

在超最长修业年限研究生学籍清理工作接近完成的情况下,研究生院依据《普通高等学校学生管理规定》等文件要求,逐步将学籍状态存在问题、应予退学处理的情况纳入学籍清理工作。2018年4月,研究生院印发《关于做好2017—2018学年第二学期逾期未注册情况清查工作的通知》(研通字〔2018〕18号),对逾期未注册研究生启动退学处理程序。2018年10月,研究生院印发《复旦大学研究生院关于退学处理及学籍清理工作的通知》(研通字〔2018〕53号),对逾期未注册、逾期未复学和学习年限(学制)届满未毕业、结业且未申请延期毕业等应予退学的研究生启动退学处理程序。

经过两年半时间，复旦大学研究生学籍清理工作逐步从开始摸索的缓冲期，过渡到法规健全、流程清晰、合法合规处理程序的磨合期，再进入依法依规将退学处理工作纳入日常学籍管理工作的成熟期。目前，每学期注册工作完成后，研究生院都会根据当前学期研究生学籍情况整理出应予退学处理名单，通知研究生培养单位开展退学处理工作。

【工作成效与启示】

自 2016 年启动学籍清理工作以来，复旦大学学籍学历管理部门共处理了退学 600 多人。所有超长学习年限研究生均已经完成了学籍清理。退学处理纳入日常管理工作。通过学籍清理，要求研究生培养单位和管理部门必须了解学生的真实状态，对可以挽回的学生督促其遵守校规、履行申请相关学籍变动的义务，对确实不适宜继续在校学习的学生根据学籍学历管理制度进行退学处理。管理闭环的形成，使学籍学历管理落实到每一位学生，为改善学风校风、提升育人保障发挥了积极作用。

（撰稿人：先梦涵、施展）

复旦大学：以学生发展为中心，推进"2+X"本科培养体系改革

【改革背景】

为推进落实立德树人根本任务，建设中国特色、世界水平的一流本科教育，培养德智体美劳全面发展的社会主义建设者和接班人，复旦大学在多年实施学分制培养的基础上，于2017年提出要在"大类招生、通识教育、专业培养、多元发展"的原则下大力推进"2+X"本科培养体系改革。改革以学生发展为中心，目的在于提高培养体系的开放性，以学籍学历管理育人为导向，在完善转专业及专业分流通道的同时，通过整合优化课程模块设置，进一步增强学生学习选择性、激发学生内生学习动力，在强化基础培养的前提下，为全体本科生创设更加多元化的高质量发展路径，从而更好地为学生的全面发展服务。

【"2+X"本科培养体系的内涵与成效】

在《复旦大学2020一流本科教育提升行动计划》框架下，学校先后研制了《"2+X"本科培养体系建设暂行办法》和《"2+X"本科培养体系管理办法（试行）》，作为推进本科培养体系改革的工作指南。

"2+X"本科培养体系的基本内涵为：在本科教育开始时，主要从通识教育和专业培养两方面（"2"）夯实学生发展基础，有机整合、重构大类基础课程群和专业核心课程群，使得基础阶段的课程更为精干，普遍具有更高的学业挑战度，课程质量有明显提升。在此基础上，为更好地满足学生个性成长需求，各专业培养方案中设置约35学分的修读空间，允许学生基于个人兴趣和发展规划在导师指导下自由选修模块化的各类课程组，实现多种发展（"X"）可能。院系设计多种专业进阶模块、学程模块（各约15学分）、辅修学士学位模块（约40学分）等课程组，为学生后续学习提供多元化的、可灵活组合的、鼓励学科交叉的一系列学习选择机会。学生在完成通识教育和专业培养学习任务的基础上，既可以选择专业进阶模块（包括加深版的荣誉项目），在本专业继续纵向深入学习，也可以选择其他专业或多个专业联合开设的学程（包括创新创业学程）进行跨学科学习。学有余力的同学还可以在选择专业进阶模块的同时选读辅修学

位模块。跨专业修读学程或辅修学士学位模块的学生须与相应专业的同学同堂上课，接受同质同标准的课程学业训练。修完学程模块或辅修学士学位模块、达到毕业要求的学生，在取得主修专业毕业证书、学位证书的同时，还可以获得相应的学程证书或辅修学士学位证书（注记）。学生在学习进程中，如发生学习方向调整，其已修读的课程模块可按规定进行相关替代或认定。比如，专业进阶课程模块、辅修学位项目等可以冲抵学程模块，荣誉课程学分可以替代规定的专业课程学分等，保证了学生学习安排上有更大的灵活性。

2018 年，学校在数学科学学院等 7 个院系首批试点实施"2+X"本科培养方案，受到学生和社会的广泛关注与好评。截至目前，"2+X"本科培养体系已基本覆盖全校所有专业，通识教育与专业培养质量进一步提升，"X"学习选择机会也日益丰富。除各专业自身的进阶培养方案外，学校目前已开设本科荣誉项目 23 个、专业学程 68 个、跨学科学程 8 个、创新创业学程 3 个、辅修学士学位项目 3 个，学生学习路径的选择性日益增加。

与此同时，学校实施大规模转专业，推进大类招生和大类培养、在大类培养基础上进行专业分流等，也丰富了"2+X"培养体系的开放性。招生时录取到社会科学试验班、自然科学试验班、技术科学试验班、工科试验班等跨院系大类的学生，入学后第一学年主要进行通识教育课程和相关专业大类的基础课程学习；经过一个学年的大类培养后，依个人兴趣及学业情况参加专业分流。录取到中国语言文学类、哲学类、经济学类、数学类等院系大类的学生，则按相关院系规定，在完成若干学期的课程学习后依个人兴趣在院系内自由选择专业。目前，每个年级有约三分之二的学生经历大类专业分流。

【"2+X"：管理的开放性与学生成长的多元性】

随着"2+X"培养体系在各院系专业逐渐铺开，学校的本科学籍学历管理事务也日益繁重。从大类学生入学伊始的分班管理，到跨院系大类学生在一年级结束时进行专业分流，或院系大类学生在培养进程中的专业选择，或者学生在一年级或二年级时申请转专业、在三年级时申请选择其他专业学程或辅修学位模块，以及学习方向调整后进行课程替代、认定等，学生在整个大学学习进程中的学籍学历管理事务显著增加，其精准性和及时性要求持续提高。

得益于学校多年来推进学分制的涵育，以及每年 6 700 余门次各类本科课程的开设，特别是近年来实施"2+X"本科培养体系改革带来的更多开放性，本科生获得越来越大的学习选择自主权，学籍学历管理育人成效更加显著。莘莘学子在学校既宽松又严格的教学管理及学籍学历管理制度体系下，基于个人志趣与国家社会发展需求有机结合，以及个人的理性选择，为个人成长成才不断开辟多元并进、百舸争流的个性化道路。

（撰稿人：吴晓晖、周向峰）

同济大学：严把新生入口关，
审查复查保育人

教育部一直高度重视新生入学资格审查和录取资格复查工作，于2017年出台了新修订的《普通高等学校学生管理规定》，增加了新生入学资格初步审核及入学后复查的内容、操作方法，从制度上和操作上减少和杜绝冒名顶替、弄虚作假获得入学资格的可能性。同济大学积极贯彻落实文件精神和要求，于同年修订了学校《本科生学籍管理规定》，对新生的审查复查、电子注册等做出了明确规定。

【实施办法】

学校制定了《新生入学资格审查和录取资格复查工作方案》，明确由本科生院组织，新生院、学研工部、校医院、招生办公室等具体实施相关工作，在新生入学后的3个月内落实到位。印发了《招生监督管理办法》，明确招生工作监督小组依照职责对主责部门组织开展新生入学资格复查的情况进行监督，接受社会各界监督，坚决杜绝工作中可能出现的各类违纪行为。

1. 规范新生入学资格审查

基于人脸识别技术，规范办理新生报到注册手续。学校开发了拍照采集系统。新生报到前，信息化办公室将学生高考登记表照片存入学校一卡通系统，并上传至华为云人脸识别库。新生报到时，现场验证新生的身份证、录取通知书，同时通过拍照采集系统摄像头实时抓取新生的人脸数据，并上传华为云人脸识别库，与学生身份证照片、高考登记表照片进行"三合一"人脸比对，实时反馈人脸比对结果、学生信息、缴费信息、绿色通道状态、迎新任务等，学生"刷脸"即可快速验明身份。"三合一"结果匹配的学生视作初审合格，"三合一"结果不匹配的学生将严格组织复核。

2. 严格新生录取资格复查

录取资格复查主要审查新生录取手续及程序是否合乎国家招生规定，新生的录取资格是否真实、合乎相关规定，新生本人及身份证明与录取通知书、考生档案等是否一致，新生身心健康状况是否符合报考专业或者专业类别体检要求,能否保证在校正常学习和生活,艺术、体育等特殊类型录取学生的专业水平是否符合录取要求。

(1) 新生档案复查工作由新生院①具体组织实施

招生办公室将本科新生电子档案、新生入学资格审查名单、新生照片发给新生院,新生院对新生录取通知书、居民身份证、户口迁移证、高考加分资格证明等材料与考生纸质档案、录取学生名册、电子学籍档案,逐一比对排查。新生院成立新生复查专项工作组,由纪委书记担任组长、教学副院长担任副组长,成员由各学堂副院长、教务部门负责人、组织员构成。专项工作组指导各学堂具体落实新生复查工作,对复查工作人员进行统一培训,制定《复查工作操作指南》,将复查流程标准化。实行复查工作一人审核、一人复核并签字确认的工作机制。

新生院各学堂成立档案复核工作组。档案查验总体上分两轮进行:第一批普查和第二批补交材料审查。为避免档案遗失或缺损,新生院单独设置了档案室。新生档案复核工作在档案室内进行,设档案管理员专人专管,并配备了专用档案柜,统一印制《档案管理登记册》,所有新生档案出库、入库、查验记录全程登记,确保档案管理规范有序。档案由班主任、组织员负责收取。其中考生本人携带档案的,还需向本科生院备案档案必须密封完整,当场确认签收,并及时送往档案室。对于高考加分、专项计划等特殊类型考生的证明材料并没有全数入档的情况或发现信息不一致的,及时联系生源地省级招生部门调查核实。

(2) 特殊类型考生复查

近年来,教育部明确要求学校要组织专家组对特殊类型录取新生开展入学专业复测。此类复查主要涉及艺术和体育类专业,包括设计学类、动画、广播电视编导、音乐表演、表演以及高水平艺术团、高水平运动队等。特殊类型新生入学专业复测工作由本科生院、招生办公室牵头开展,监察处全程监督。所有复测工作均对新生身份进行现场验证。测试过程全程录像。所有原始测试材料均存档备查。对于专业复测不合格的学生,由新生院结合学生日常表现组织重点核查。身份经查为一致的情况下,方能进行补测。

---

① 为推动大类招生与人才培养的联动性改革,同济大学于 2018 年 7 月设立新生院。自 2019 年起,本科新生统一归口新生院管理,目前新生院下设九大学堂。

（3）高考加分和第二学士学位资格复核

招生办公室对录取享受高考加分政策的本科新生及地方农村专项录取的新生资格条件逐一复核，对学生身份信息与省级招生部门录取信息严格核对，并加强对第二学士学位前置学历审查。对存有疑点的学生逐一进行重点核验，确保新生入学资格复查工作各项要求落实到位。

（4）心理健康测试与体检

新生入校后统一参加校医院组织的全面体检复查，对隐瞒既往病史或发现与原体检结论不符者，开展必要的复检或转诊，并记录于健康档案中。学研工部负责新生心理健康测试工作，由心理咨询中心开展心理健康普测，建立新生心理档案。发现身心状况不适宜在校学习的学生，经学校指定的二级甲等以上医院诊断，确需在家休养的学生可以向学校申请保留入学资格。

【工作成效与启示】

1. 强化组织管理，健全工作机制

学校精心组织落实，明确主体责任和责任主体，建立多部门联动机制。强化督查管理，完善追责和投诉处理机制，确保新生入学资格复查的公平、公正。加强内部管理，建立新生档案复查规章制度，明确实施细则，将复查流程标准化、实施过程规范化。

2. 合法运用智能技术，提升工作效率

合法利用深度人脸匹配与识别技术，既能有效规避人工审核过程中无法避免的、非人为故意造成的问题或误差，提升工作质量和效率，也能为学生后续的教学管理工作提供人像比对数据源，在专业复测工作中严防考生替考。但也需更加重视数据安全，既不能因信任人脸识别技术而轻视其他环节的核验，也不能因盲目信任人脸识别技术而简单粗暴地否定学生。

3. 坚持以生为本，深化管理育人内涵

坚持以学生为中心，对不能按时报到、录取通知书丢失、档案邮寄延迟、档案材料缺失、档案丢失等情况，分别制订有针对性的方案。考虑不同省份特殊类型考生在专业水平上存在一定差别，拟探索在连续观测不同省份新生专业复测成绩的基础上，将专业复测成绩作为未来招生计划调整的依据之一。

（撰稿人：苏晓娟、戴代红）

华东师范大学:建立健全个性化转专业制度, 助力学生自由而全面发展

灵活自主的专业选择是世界高水平大学通行的学业制度之一,也是满足学生对美好教育需求的重要体现。华东师范大学在建设一流本科的背景下,全面贯彻以学生发展为中心的理念,建立了一般类型和特殊类型相互补充的转专业政策,提供多元的机会,培养学生理性、自主的品质,推动学生自由而全面发展。

【实施背景】

1. 培养学生理性、自主的品质

学生在基础教育学习阶段被包办的情况比较普遍,高考选报志愿时不清楚自己的兴趣的情况比比皆是。首先,转专业是一种二次选择的机会,可以引导学生发现自己的兴趣,培养学生合理规划学业的能力和为个人选择负责的精神,这也是转专业工作的一个重要目标。其次,大学阶段是学生的新开端,尊重学生兴趣、激发学习潜力是转专业工作的另一目标。

2. 推动专业的自我革新

分专业的招生政策、限制专业上限和下限人数的分流政策对专业而言是种保护,但并不利于激发专业自我改革的动力。灵活自主的转专业制度在扩大学生专业自主选择权的同时,更打破了对专业的"保护伞",推动专业主动改革,加大优秀教师对专业的投入,提高专业的吸引力和办学水平。

3. 推动完全学分制发展

专业是不同的课程组合。首先,评判学生可否进入某个专业的依据在于该生能否完成某个专业培养方案。学生是否达到专业学习要求应以能否完成课程体系为主。其次,高校培养学生需要统筹全校资源投入,不能局限在专业内部培养学生,开放的课程选修和学分管理制度有利于学生充分享有全校的优质资源,形成全校办专业的合力。

【实施办法】

1. 工作思路和工作目标

学校确定开放的总体原则,秉持选择最适合专业的理念,为学生最大化提

供机会,激发学生学习的内动力;遵循公平的总体原则,开放课程修读,引导学生预修课程,在更深入了解专业的基础上理性选择专业;激发专业办学活力,鼓励大类招生的院系自主制定分流政策。最终实现以学生发展为中心,结合学校实际办学条件,建立开放的专业选择制度,提升专业办学质量,培养学生理性品质,尊重学生兴趣,满足学生发展需要的目标。

2. 具体实施方法

考虑到我国高考的实际情况以及学校专业资源分布的实际情况,华东师范大学在充分调研的基础上,把学校转专业分为3类情况:一般类型转专业、特殊类型转专业、大类分流后再次选择专业。

（1）一般类型转专业

学校每年在4月份启动全校范围内的转专业工作。各专业拟接收转专业名额不得低于当学年招生总数的15%,学生申请不设置成绩门槛,只要符合高考招生规定和在第三学年之前,均可以提出申请,通过拟转入专业考核后,于当年暑期短学期进入新专业就读。

（2）特殊类型转专业

当年一般类型转专业未转满的专业继续接受学生申请,申请学生原因多种多样,比如:一般转专业未通过、在当前专业无法顺利修读等。学校预先评估申请学生的学业已完成情况,结合学生意愿和校内转专业实际,协助联系相关院系,明确考核事宜。院系一般会单独组织考核或提出预修课程要求。学生通过考核或通过预修课程后,转入意向专业就读。

（3）大类分流后再次选择专业

由院系确定学生大类分流后能否继续在该大类内选择其他专业,学校不作限定,鼓励院系尊重学生选择,并要求院系在新生入校后面向做好解读。比如:教育学部实施"三三制"改革,学生可以自主确定选择某个专业且允许多次改变,最终以学生的课程修读情况审核学生所归属的专业。

【工作成效】

一是基本满足了学生专业选择的需要。根据近三年的情况,学校平均每年通过一般类型转专业和特殊类型转专业满足学生专业转换需要近60%。教育学部的学生可以在大类内多次转换专业。

二是提升了专业办学的自主性。为了留住学生,院系选派优秀教师投入本科教学一线,改革课程教学方式,加强实践教学,组织读书会等活动,激发专业学习兴趣,取得了良好的效果。

三是激发了学生学习的动力。适合自己的专业才是好的专业。特殊类型转专业的方式帮助发现了自己的兴趣,出现了一批无法适应当前专业学习但在新专业学习如鱼得水的学生,也有同学在预修课程后发现自己并不适合,在原专业学习中更踏实了,这方面的案例层出不穷。

四是改革管理模式。预修课程时学生学籍并不改变,学生往往会跨校区、跨院系修读,传统的学生管理模式不再适用,就要求学工系统和教学管理系统密切合作,做好个性化管理。

【经验启示】

本科生处在学校走向社会的转折期,专业作为学生最关切的因素,学校转专业的制度设计给学生提供了自主选择的机会,鼓励学生为自己的目标奋斗。多年探索和实践,学校不断改变思维,以学生发展为中心的理念渗透到管理的肌理之中,学生反响良好,专业选择越来越理性,培养了学生尊重规则、为自己的选择奋斗并负责的意识。

（撰稿人：谭红岩）

上海大学：强化学术写作规范，
培养德才兼备的新时代研究生

【实施背景】

研究生是高层次科研人才后备军，是学术原始创新的重要力量，是关键核心领域高水平科研成果产出的重要供给者。当前，研究生培养存在重创新能力培养、轻学术规范训练的情况，最终会影响人才培养质量。全国研究生教育会议强调要把学术论文写作纳入研究生必修课，教育部在《关于进一步严格规范学位与研究生教育质量管理的若干意见》中要求，"把学术道德、学术伦理和学术规范作为必修内容纳入研究生培养环节计划，开设论文写作必修课"。上海大学坚持立德树人，培养全面发展的卓越创新人才，在广泛调研的基础上，借鉴国际同行经验，2019年10月推出上海大学写作中心平台。该平台成为学术诚信的宣讲台、学术论文的指导台、科研精神的播种台。

【实施方法】

在管理模式上，从学校教师管理转向学生自我管理，从事后严厉惩戒转向事前教育引导，从制定校规条文转向直观案例解析，走出了一条以学生全面发展为中心的创新管理道路。

1. 从学校教师管理转向学生自主自助

研究生群体是拥有高学历层次，能动性、独立性和主动性极强的学生群体，他们受过长期学术训练，能够清晰提出论文写作的痛点难点和困惑，同时也有着极强的组织力和号召力，善于聚焦问题自发组织团队探索解决渠道。学生自发组织对学生群体有着天然的亲和力和感染力。中心的宗旨是恪守学术道德，坚守学术诚信，服务学生写作，促进学生自我管理、自我教育、自我服务、自我监督。写作中心由学生写作联盟负责日常运营。学生写作联盟下设项目策划组、技术服务组、写作辅导员联络组、视觉传达组等学生团队，是中心运行的核心灵魂。

学校作为管理者，从发号施令者向资源筹措者和服务传递者实现身份转变。研究生院组织协调图书馆、出版社、期刊社、外国语学院等掌握中外文论文及作者资源的职能部门，共同遴选退休专家学者、青年教师和优秀在校研究生，为平台运行输送品牌师资、经典论文案例资源。同时，协助学生写作联盟成立"写作中心指导委员会"和"写作中心管理委员会"，为中心运行提供技术和服务支持。

2. 从事后严厉惩戒转向事前教育引导

写作中心将学术规范与诚信教育前置，帮助学生学习了解学术论文规范性写作知识，自觉规避错误行为。写作中心推出"与编辑面对面""写作工作坊""名师指导""同伴辅导""写作论坛""写作竞赛"与"虚拟国际会议"等板块，为学生开展文献检索、数据分析、学术规范、论文投稿等培训与辅导。其中，"写作工作坊"定期邀请校内外知名专家学者开展学术讲座；"编辑面对面"定期邀请知名编辑从引用来源、注释标点、引用出处排列顺序、引用格式的标点符号、专利著录格式等论文发表专业角度对学术论文写作规范进行辅导；"同伴辅导"从在校研究生中挑选学术拔尖且具有服务意识的研究生，经过期刊编辑及专家学者在写作要求、写作技巧、表述和引用规范、学术诚信和学术道德等多方面的培训，为低年级学生开展论文写作辅导工作。

写作中心通过上述模块运营，将研究生院、图书馆、出版社、期刊社等教育资源部门吸纳进人才培养体系中来。将在校研究生、青年教师、退休优秀教师组织起来，形成人才培养共同体。通过建设"大师学风工作坊""学术写作工作坊"以及"青年写作讲坛"等项目，树立昂扬向上、规范科学的学术新风。

3. 从制定校规条文转向直观案例解析

校规条文能够清晰地向研究生传递学术诚信要求以及学术不端行为的惩处机制，具有权威性和严肃性，为此，学校出台《上海大学学生学术诚信教育管理办法》，普及学术诚信底线意识。同时，为了将校规条文具体化，使错误边线真实可感，学校引入学术不端经典案例解析与警示教育。

写作中心梳理学术不端行为的几种不同类型，将故意剽窃、盗用他人学术成果与因不清楚学术规范、不会处理引用数据导致的学术不端区别开来，通过实例解析，使研究生切实认知什么是对的，什么是错的。通过对不端行为的惩处案例，使研究生认识到学术不端行为的严重性，增加对学术规范学习的重视。通过学术前沿论文讲座，向研究生推介经典优秀论文的写作方法，使研究生掌握学习标准和奋斗方向。直观案例解析是校规条文的有力补充，通过柔性教育形式,让学生牢记论文写作红线,丰富了学术诚信教育内容。

【工作成效】

上海大学写作中心成立以来,已举办专题讲座 8 场,名师指导 11 场,同伴辅导 33 场等活动,参与学生超过 2 000 人次,研究生线上论文辅导回访满意度达到 92%。2020 年举办"2020 年度长三角区域研究生写作能力培养论坛",获批 2 项中国科协项目:"上海大学新时代科学家精神微记录""基于上海大学写作中心的科学家精神宣传教育基地建设"。2021 年获批中国科协项目:"传承优良学风,锻造卓越品质——上海大学写作中心学风传承示范基地建设"。从写作能力上看,写作中心能够帮助研究生提升基础写作水平,深层次上对其学术意识、学术能力、创新思维的培养也起到了至关重要的作用。从组织能力上看,写作中心成为研究生自主学习、自主组织、自主管理的锻炼平台,研究生参与学校人才培养,参与自身发展的能力在不断提高。

(撰稿人:毛建华、王小丽、那彦)

华东政法大学:惩教结合全面育人,
深入推进学生法治教育

华东政法大学深入学习贯彻习近平法治思想和习近平总书记关于教育的重要论述,深刻认识和把握新时代新形势对学校学籍学历管理工作提出的新任务、新要求,发挥学科专业特色优势,把依法治理作为基本理念和基本方式,建立健全学生违纪处理听证制度、违纪处分申诉制度,深入推进学生法治教育,不断提高学校育人水平。

【实施办法】

为维护师生员工合法权益,规范学校对师生员工实施处理或者处分行为,保障和监督职能部门依据校纪校规行使职权,华东政法大学于 2017 年修订了《学生违纪处分规定(试行)》,于 2018 年修订、出台《听证规则(试行)》和《学生申诉处理规定(试行)》,进一步完善了学生听证、申诉制度。同时,学校将这些制度作为重要的校纪校规编入《本科生学生手册》《研究生学生手册》,在新生入学教育中组织学生开展专题学习,成为学生"应知"的校纪校规之一。《听证规则(试行)》在机构设置、人员组成、听证程序等方面作了明确具体的规定。

1. 听证申请

学生违纪行为发生后,学校相关部门①作为调查部门,依据法定职责向学生处和违纪学生所在学院提交书面的调查报告和相关证明材料。在学校拟对违纪学生作出处分之前,应依据《学生违纪处分规定(试行)》和《听证规则(试行)》,向违纪学生下达书面的学生处分听证告知书,告知其享有听证的权利。该生可以在规定期限内向校长办公室提交书面申请。校长办公室依据《听证规则(试行)》的规定,决定是否受理听证申请。如决定受理,将向该生送达听证申

---

① 根据《华东政法大学学生违纪处分规定(试行)》第二十八条:学生因违反校纪需给予处分的,学习及考风考纪方面,由教学主管部门进行调查;违反学术规范的,由专门机构进行调查;治安、安全以及涉及违法犯罪的,由保卫处进行调查。违纪行为不属于职能部门或专门机构管理职责范围内的,由学生所在学院负责调查。

请受理决定和听证会通知书。

2. 听证组织与人员

听证会由校长办公室组织，参加听证会的人员包括主持人、评议团、申请方（当事人）、调查方、证人、记录员。主持人由校长或经校长授权的副校长指定，一般由党校办副主任主持。评议团成员由专业教师代表、工会组织代表和校学生会主席等 3 人或 5 人组成。调查方是对学生违规违纪事实进行调查和提出处理或处分建议的职能部门及学生处。

3. 听证程序

一般包括宣读听证纪律，回避，陈述、质证，听证结束 4 个环节。在陈述质证环节，调查方需提出学生违规违纪事实、理由及依据，可以提交相关证据、提请证人作证；申请方进行陈述和申辩，也可以提交相关证据、提请证人作证；主持人或评议员进行询问并质证；调查方与申请方互相辩论。

4. 听证评议

听证结束后，主持人召集评议团就听证事宜作出评议，并根据少数服从多数原则形成决议。校长办公室在收到评议意见 3 日内将其送达学生和学生处。最终，学生处依据校纪校规、评议意见对违规违纪学生作出处理或处分，并将处分决定书送达违纪学生。学生履行签收决定书的手续。

【实施效果】

1. 坚持教育与惩罚相结合提升育人效果

学生是受教育者，给予处分只是手段，而不是目的。以纪律处分这一刚性手段"惩前毖后，治病救人"，使学生认识错误，帮助他们树立正确的世界观、人生观、价值观才是学校的最终目的。在处分期间，辅导员注重加强对违纪学生的跟踪教育工作，鼓励违纪学生积极向上，将反面教育与正面引导相结合，真正达到违纪处分的育人目的。

2. 充分尊重和保障违纪学生的合法权益

评议团成员主要由具有丰富教学和科研经验的行政法专业领域的教师、代表师生利益的工会人员和校学生会主席团成员组成，具有代表性、专业性和独立性，能更好地维护违纪学生利益。同时，《听证规则（试行）》第五条第二款明确规定，"不得因师生员工要求听证而加重处理或处分"。这为违纪学生行使和享有听证权利免除了后顾之忧，从而正面引导学生积极行使听证权利，维护了违纪学生的合法权益。

3. 培养学生民主法治意识,引导学生通过合法途径表达诉求

高校学生违纪处分听证制度畅通学生利益表达机制,教育引导学生通过合法途径表达个人诉求,客观上减少了学校与学生之间因违纪处分产生的法律纠纷。同时,在违纪处分前,与学生面对面平等沟通,充分听取学生想法,有利于培养学生的民主法治意识。要做好学生思想政治教育工作,避免学生因违纪处分产生心理问题。

【经验启示】

将听证制度运用到高校学生违纪处分之中,必将能够推动依法治校的进程。其不仅可以提高相关职能部门处理学生事务的能力,有效预防因处分学生而产生的法律纠纷,而且可以更好地促进高校学生管理的法治化以及学生权益的维护。目前,我国高校学生事务管理听证制度还处在探索阶段,各高校应在国家法律法规的框架下,结合实际,构建科学合理的高校学生违纪处分听证机制。

（撰稿人:张艳婷）

东华大学：创新校内二次选专业体系，
精准满足学生成才需要

【实施背景】

受高校专业招生指标的限制，很多考生无法进入自己喜爱的专业学习。同时，考生在填报志愿选择专业时具有一定的盲目性，会受到来自外界和自身的多种因素影响。这些因素的综合作用导致部分学生进入大学后，发现之前对报考专业的理解存在一定偏差。因此，不少学生想通过转专业来满足个人成长和职业生涯发展的需要。

基于以上背景，东华大学以学生全面发展与成才为中心，积极探索学分制改革，进一步优化转专业制度，降低转专业门槛，减少限制性条件，扩大转专业比例及范围，逐步完善以"人人成才"为目标的新型校内二次选专业体系，构建本科生"分层教学、分流培养、多元成才、人人成才"的培养体系。

【实施方法】

1. 第一阶段：初期探索，转专业限制条件多

2002年，学校根据自身特点和条件出台了相关转专业政策，并进行制度化运作。但在制定和实施过程中，受制于专业发展、教学资源等诸多限制因素，名额较少，对转专业计划的设定不得超过一年级学生总数的3%。对学生限制条件比较多，要求较高，选拔也较严格：对于满足基本条件的一年级学生，在一年级学习中，按本专业教学计划选课，且必修课程成绩合格，可在规定时间内报名参加转专业，并通过"优秀生免笔试""普通生考试""特长生测试"3种途径进行转专业或专业大类。除优秀生不用参加笔试外，其他学生均需参加笔试，所有学生均需参加学院面试。

2. 第二阶段：扩大转专业规模，取消转专业统考

为进一步满足学生转专业的需求，2013年起学校逐步扩大转专业规模。规定跨学院转专业名额，不得低于本专业人数的10%。在符合学校转专业（大类）条件的基础上，学院享有内部转专业的自主权，可以制定内部转专业（大类）的办法。从2014年起，东华大学取消了实行多年的转专业全校统考，学生

179

填报志愿增至 2 个。对于满足基本条件的在校一年级学生,可以通过"普通生(无不及格课程的学生)""特长生""特殊生"3 种途径在规定时间内申请转专业。

3. 第三阶段:将"转专业"改为"选专业",构建新型校内二次招生体系

从 2017 年 9 月 1 日起,东华大学将"转专业"改为"选专业",明确了本科生转专业应以兴趣取向和专长取向,而非传统的成绩取向,并进一步放宽学生选专业的限制条件:时间上由原来的入学 1 年内放宽至入学 2 年内,转专业次数由原来的 1 次扩大至 2 次,学生每次可以填报 2 个志愿。这赋予了学生更多的学习主动权,为学生重新审视自己的专业,进行专业转换提供了客观条件。同时调整了选专业时间,由原来的大二第一学期初改为大一、大二的第二学期期中,方便学生按转入专业提前选择下学期课程。

满足基本条件的学生,在入学后第一、第二学年各有 1 次申请重新选专业(大类)的资格,学生可以通过"普通生(选专业当学年无不及格课程的学生)""特长生""特殊生"3 种途径申请转专业。其中,除了特长生及特殊学生需要面试以外,对于当专业申请人数小于等于计划数的普通生,免去面试,直接办理选专业手续;只有当专业申请人数大于计划数时,才需要通过面试选拔。

学校给学生提供了顺畅和开放的选专业通道,在教务系统中开发了选专业系统,简化、优化了流程。同时学校也加大了对学生选专业的指导,在选专业工作启动前拍摄各学院的专业介绍视频,上传教务网供学生观看,并安排现场咨询,组织各学院教学院长为学生做专业介绍,解答转专业政策,使学生对专业有充分的了解后,再根据自己的兴趣和自身特点进行专业选择。

【工作成效】

随着转专业制度的不断改进和完善,东华大学转专业人数逐年增多。从下页各个阶段转专业情况统计图中可以看出,从第一阶段每年转专业人数不到 93 人,到 2019 年的 274 人,转专业人数增长了将近 3 倍。经过 10 多年转专业工作的实践和制度改革探索,学校热门专业从以往因担心转专业学生过多,造成教学资源紧张而不愿过多接受转专业学生,发展到因转入学生学习能力良好,带动专业学习氛围更为浓厚,主动增加转入名额,吸纳更多优秀人才。同时促使冷门专业深化教学改革,提高教学质量,改善教学环境,使专业设置更适应现代社会的发展需求。

通过教务、学工等多部门联合,建立转专业反馈机制,加强对转专业学生的

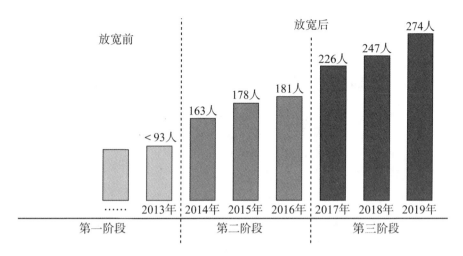

图 3 - 1 各阶段转专业情况统计图

关注和追踪。从整体来看,学生转专业之后的学习满意程度较高,学习动力增强,人际交往面扩大,学习方式也因宜适变,学习目标更加清晰,学校学习氛围更加浓厚。同时,由于就业方向有所调整,就业竞争压力增大,学生在校期间更具紧迫感,课余生活更加充实。另外,如果有个别学生存在难以融入新专业环境,无法做出合理的学业规划,不能适应转专业后的学业进度等情况,学校会通过学业辅导、心理辅导等方式,帮助其适应新环境,科学做好学业规划,从而更好、更快地扎根新专业。对于盲目转专业或转专业后难以适应新专业的学生,学校也给予再次选择的机会。

（撰稿人:姚远、张大林、王潇、杨旭东）

上海理工大学：重构教学管理体系，提升管理育人成效

【实施背景】

2020年以来，上海理工大学依托地方高水平大学建设，以本科生的成长成才为根本，以本科生的全学程培养为主线，在多年成功实践"完全学分制""弹性学制"管理制度基础上，围绕重构管理制度体系，提升管理育人科学化程度；重构了学业评价机制，严把考试和毕业出口关；重构了"教"与"学"环境支撑，并以生为本，重塑教学管理新生态，探索实施了"互联网+教务"服务、"全程式—过程化"考核学业评价机制、学籍学历政策制度常态化宣传等举措，取得了良好成效。

【实施办法】

1. 重构学籍学历管理制度体系，提升管理育人科学化的程度

（1）健全校内管理协同机制

为全面落实立德树人根本任务，学校于2020年成立本科生院，联合教务处、学生工作部、新生学院、创新创业学院等机构，将本科生培养的各个环节串联、贯通，一体化考虑本科生培养各环节的管理问题。在此基础上，系统梳理各部门职责，进行流程再造，重塑管理职能，进一步明确了学工和教务在学生管理及学生培养过程中的主体责任，以及校院两级管理中职能部门与二级学院的权责，形成育人合力。

（2）以学生为中心再造管理服务流程

在本科生院框架下，学校陆续修订了《全日制本科生学籍管理办法》等20多份涉及本科生教育教学管理及学生管理的政策文件，统筹考虑新生入学资格审查、学籍异动、学籍注册、学历学位管理等各项业务的办理程序和各部门责任分工，并制定了明确的监督考核机制。通过业务梳理和流程再造，学校加强了对各级各类学生的精准管理和精细服务，极大地提高了办事效率。以毕业生管理服务为例，通过本科生院的内部运作机制，将以往在学生第七学期期末开展的毕业预审提前至学生升入毕业年级伊始，定期通报各学院学生毕业预审的结

果。学工、教务联动开展工作,指导各学院分门别类做好毕业年级学生的学业指导、升学、就业等各项服务工作,深受毕业生和用人单位的好评。

2. 重构学业评价机制,严把考试和毕业出口关

（1）推进本科课程的"全程式—过程化"考核工作

2020年年初,为深化课程教学改革,实现学生学业合理增负,加强学习过程管理,学校正式在本科课程中推行"全程式—过程化"考核工作,要求课程考核次数在5~8次。其中,平时考核成绩占总评成绩的过50%以上,次数不低于4次。截至2020年年底,全校已有超过50%的教学班采用"全程式—过程化"考核方式,学生上课抬头率、课堂参与度显著增加,学业成绩比前一年有明显提升。

（2）执行严格的学业预警制度

通过"学业警示—退学警告—退学"三级预警机制,学校严格规范学生的学业预警、淘汰机制。每年对修读学分数未达到学校要求的学生定期予以警示,并建立"校—院—班"三级联动预警机制,加强对学生的过程性管理。依托学业预警机制,每年对不同年级共约100名学生进行不同程度的预警。教务处与学生工作部联动,依托辅导员开展预警学生的谈心谈话和学业帮扶工作;与教师工作部联动,探索建立新型班主任制度,让辅导员和班主任成为学生学业管理过程中不可或缺的重要力量,做好对学生日常学习状态的监管工作。通过上述努力,90%以上的预警学生能够在后续学期顺利完成学业并解除预警。

（3）严把毕业出口关

毕业论文（设计）实现了全流程管理。在本科生毕业论文（设计）环节,学生的选题、中期检查、论文答辩等全部从严把关。教师指导学生的教学资料被完整地保存在系统中并支持随时调阅,强化过程化监控。通过"开题—中期检查—答辩—毕业论文（设计）抽检"工作,形成管理工作闭环,严把毕业论文（设计）质量关。完善学士学位授予工作程序,明确学士学位授予标准、程序及学生权益,提升学士学位授予工作的准确性和严肃性。

3. 重构教与学环境支撑,以生为本,重塑教学管理的新生态

（1）搭建本科教育教学"教务管理系统+在线学习+智慧教学"一体化云平台

学校建立了"互联网+教务"在线教学服务体系,对教与学进行实时记录、互动、监测与预警。此外,学校构建线上线下一体化服务办事大厅,将网络端、移动端、实体端三大场景深度融合,形成统一管理服务体系,实现教学及学习服务

事项"应上尽上"。2020 年,学校陆续开辟了学籍异动、考勤管理、补(缓)考办理、各类学业证明出具等 10 余项线上业务,在疫情期间发挥了重要作用。

(2) 建立"以师生为中心"的教学管理服务模式

以"人联、物联、数联、智联"为目标,通过师生需求驱动教学管理服务流程变革。倡导采用大班授课、中班讨论、小班研讨的教学组织形式,引导学生由被动接受到主动学习。全面推行线上、线下相结合的混合教学方式,探索跨校区同步课堂、精品直播课堂等在线教学资源的共享机制,为学生学习提供充足的教学资源。

(3) 实现跨部门业务全流程在线"一网通办"

拓展网上办事服务深度广度,实现更多教务服务事项的申请、受理、审核、批准、咨询等环节的在线办理。通过信息技术,将物理空间中分散的学校部门、模糊化的工作事务流程进行无缝衔接和数字化呈现,使各项业务办理程序透明、公开,压缩业务办理时间,努力实现"让师生少跑路,让数据多跑路"。

【经验启示】

1. 注重学籍学历管理人员的队伍建设

2020 年,学校调整教务处原有岗位职责分工,增加了 1 名具有法学背景工作人员作为学籍学历管理工作辅岗,积极构建学籍学历管理人员"主—辅"岗结合机制。在作出涉及学生重大利益的处理、处分等决定前,须依次经过"部门—学校"两级合法性审查,从而增强学籍学历管理工作的严肃性和准确性。积极搭建学习平台、创造各类学习机会加强对学籍学历管理人员的业务培训,通过"请进来,走出去"的方式,不断锤炼学籍学历管理人员的业务素养。

2. 注重学籍学历管理制度的常态化宣传普及

每学期开展系列教务讲坛,就读懂培养计划、专业选择、选课、考试与毕业等学生关心关注的学业制度逐一进行讲解和宣传普及。及时做好政策更新、信息公开等工作,确保师生能够第一时间掌握政策变化。组织新生和新进辅导员进行学生手册学习考试,强化其对学籍学历管理制度的认知。定期邀请资深法务对相关职能部门、各学院党政领导班子、教学秘书、辅导员和班主任等进行学籍学历相关制度政策的培训,就高等学校学生管理中的真实案例、工作过程中存在的重点问题进行剖析,提高管理人员开展工作的科学性和规范性。

(撰稿人:宋丹萍)

上海商学院:以"五个一"
加强退役学生学籍管理与学业指导

【实施背景】

近年来,越来越多的大学生响应国家号召,积极报名参军入伍,在军营中实现自我价值。但大学生士兵退役复学后,如何顺利完成从军人到学生的角色转变,更快地跟上学习步伐,是摆在学生面前的现实问题,也对学校的学籍学历管理提出了更高的要求与挑战。上海商学院多措并举,将专业学习、创新创业、实践教学、劳动教育等融入退役学生的学籍学历管理与学业指导中,形成了彰显军人本色与学校特色的"五个一"退役学生培养模式。

【实施方法】

1. "一条龙"返校复学服务

通过走访调研其他高校与退伍大学生诉求,学校教务处协同武装部、学生处等部门,进一步规范和简化退伍学生复学返校制度和流程,试行"最多跑一次"改革,为学生提供"一条龙"的返校复学服务。

2. "一体化"学籍管理服务

针对部分复学学生学习状态不佳、专业知识不足、学业衔接有困难等客观问题,教务处协同二级学院组织座谈会,灵活安排教学进程,对学生实行一对一人才培养方案解读、一对一选课指导,对原专业无后续班级的允许学生转入相近专业或单独组班等,积极构建教务处统筹、学院实施、专业教师和教学秘书个性化教学辅导的一体化服务体系。在政策允许前提下尽量做到一生一案,减少退役学生的学业修读困难问题。

3. "一站式"生涯指导服务

教务处、学生处协同二级学院从思政、学业、生活、心理辅导、职业规划、社会适应6个方面入手,为退役学生提供生涯指导和服务,并设立学生事务中心,配备兼职辅导员。

4. "一盘棋"五育并举服务

全校共下退役学生培养"五子棋",联动培养退役学生德智体美劳全面发展。教务处协同二级学院开展退役学生专业能力、创新创业能力提升等工作；学生处发挥退役学生特长，组织参加各类比赛、实践项目等；学院设立辅导员助理、武装安全事务助理和军事理论教学助理等岗位，锻炼和培养退役学生的管理能力；团委设立以退役学生士兵为主体的武装青年团，下设护校队、国旗班等，开展活动和比赛；武装部联合教务处采取"军队整体把控，学校组织监管，退役学生参与"的形式，将劳动教育与军事实践相结合，把军训带训纳入学生社会实践。2021年暑期，安排退伍学生34人承担新生军事训练带训教官，续写"退役不褪色"的荣光，把"强军精武、护我国防"的火种带回校园。

5."一系列"创业就业服务

加强退役学生创业教育，采用项目式、案例式、问题式、参与式等教学方法，鼓励退役学生积极参加社会实践、"互联网+"等创新创业大赛，提升创业意识与能力，融教、学、做于一体，并配备专门的创业导师进行个性化指导。开设职业生涯规划和就业指导课程，引导退役学生充分就业。

【工作成效与启示】

近年来，上海商学院的退役学生"五个一"的学籍管理、学业指导模式取得了良好成效。学生不仅成功克服了返学后的种种不适，还在各自专业知识领域取得了优异成果，涌现出一大批德才兼备人才。2019年退役学生李泽真代表上海商学院参加上海市"尚武杯"演讲大赛取得第一名，获得全国"尚武杯"演讲比赛提名奖等多项荣誉，并顺利考取了上海大学硕士研究生。武装青年团护校队队长、平安志愿者支队队长李飞腾获得国际银黏土大赛佳作奖等。

1. 以政策为纲，管理有高度

学籍学历管理工作具有很强的原则性。学籍学历管理人员要准确领会把握习近平总书记对青年学生坚定理想信念、参军入伍成长成才的殷切期望，准确把握做好大学生征兵工作对落实军民融合发展战略、建成世界一流军队的重大意义，不断提高政治站位，增强政治自觉，提高学籍学历管理工作的高度。

2. 以学生为本，服务有温度

学籍学历管理人员不但要细心细致，还要在点滴之处见初心，既要上传下达做好沟通工作，还要学会倾听，满足不同学生的学业需求。从学生入伍到退伍，学籍学历管理工作深入到学生学习生活的方方面面，要积极主动为学生服务，时时处处为学生着想，力求帮助学生解决实际问题，让服务更有温度。

3. 以制度为基,业务有深度

　　规章制度是学籍学历管理工作的基本遵循,学籍学历管理人员要持续提升自身业务能力,加强对学生管理规定、学籍管理规定等规章制度的学习与研究,多调研、多交流、多学习,多运用信息技术解决实际问题,创新工作方法,让业务更有深度。

(撰稿人:熊平安、王冬云、董怡君)

上海东海职业技术学院：重塑育人模式，提升人才培养效能

【实施背景】

近年来，我国职业教育发展迈入快车道，招生规模日益增大，生源结构日趋复杂，给学校学籍学历管理带来了新的挑战。要实现以人为本理念引领下的"因材施管"，主要存在"识材"不易、"施管"不力这两方面困难。同时，随着数字经济时代的到来和信息智能技术的发展，高校学籍学历管理工作必将进入个性化、精准化、智能化的新阶段，以信息化提升管理效能是必然的选择。

作为一所公益性民办高等职业院校，上海东海职业技术学院（简称东海学院）始终践行"以人为本、管理育人"理念，致力于借助信息化改革提升"因材施管"育人效能。通过大数据分析实现管理精准化，借助信息化平台提高管理达成度，力求最大限度地激发和保障学生的主动性和创造性，充分开发学生的成才潜能，为学生的全面个性化发展营造更加健康的育人环境。

【主要举措】

东海学院以"沟通垂直化、管理精准化、操作便捷化"作为学校学籍学历管理工作信息化改革的切入点，主要举措有以下几方面。

1. 以互联网工具实现沟通垂直化

从2019级的新生入学教育起，东海学院通过互联网教学工具"微助教"建立全校新生入学教育教学班，为每一位新生开辟与学校教学管理中枢（教务处）的垂直、双向沟通渠道。将仅1课时的入学教育课堂时空进行了延展。教务处会不定期发起专题讨论，通过收集、汇总、分析学生的反馈信息，得到最真实、可靠的一手信息，使得大规模的"识材"成为可能。

2. 以大数据分析实现管理精准化

东海学院构建了以教学数据为基础的常态化教学评价与激励机制，促进教师教学能力发展。东海学院从2020级新生开始，实施学生学情电子问卷调查制度，主要调查对象为大一、大二在校学生，调查时间节点分别为春、秋季学期

期中。春季学期调查指标主要围绕课程作业情况和学生的自主学习能力反馈；秋季学期调查指标主要围绕入学适应度和学习困难反馈。调查结果显示，随着入学时间的增加，学生的自我约束意愿反比减弱。总体数据的变化趋势为教务处提供了量化数据。具体数据为相关学院管理方进行有针对性的教学整改提供了依据。

3.操作便捷化提升管理达成度

东海学院研发了"东海微校园"（Donghai WeCampus）微信平台，将已有系统PC端的常用功能实现移动化、微信化。例如，学校概况、校园资讯、校历、课表查询、调课申请、成绩查询、考试查询、教师评测、班级信息、志愿者申请等。教师和学生可以登录微信平台查看所有相关内容，还可以直接进行各类自助服务。这不仅方便了学生实时了解各类信息，尤其是考勤、成绩等，还方便了学生快速完成需要完成的各类任务。教师可随时记录学生的在校情况，由此也方便了教师记录和了解学生的学习过程。

【工作成效】

自2018年"东海微校园"教师端投入运行以来，考勤记录数大大提升。以2017—2020学年秋季学期数据对比为例，考勤数平均提升47%。（见图3-2）。

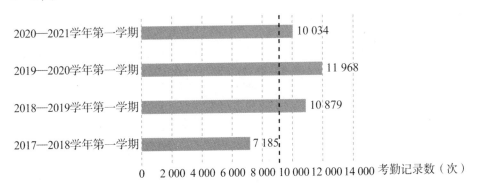

图3-2　东海学院2017—2020学年秋季学期考勤记录数对比

自2019年"东海微校园"学生端投入运行以来，由于学生可以在移动端实时、方便地进行考勤和成绩信息查询，对学生学习主体性的提高也起到显著的促进作用。以东海学院2017—2020学年秋季学期重修课程教学班次数据对比为例，学生的课程重修率有了大幅下降（见图3-3）。

管理理念的先进性、管理人员素质的高低、领导的重视程度、信息化改革进

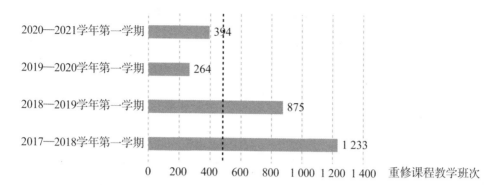

图 3‒3 东海学院 2017—2020 学年秋季学期重修课程教学班次对比

度、管理制度规范程度等,都是影响学籍学历管理工作能否顺利开展和高质量完成的主要因素。东海学院致力于为每位学生的全面个性化发展营造更加健康的育人环境,通过不断提升新时代高职院校管理育人效能,达到立德树人的最终目标。

(撰稿人:张居阳、陈亚莉)

后　记

为进一步增强新时代高校育人新使命,上海市教育委员会学生处和上海市学生事务中心面向上海各高校广泛征集学生管理育人案例,共收到优秀案例百余篇,涉及学生管理育人的方方面面。本书以部分精选案例为基础,组建了一支包括知名思政教育专家、高校一线管理教师的编写团队,对案例进行统一编写。本书分为上、中、下三篇,上篇为理论探索,中篇为典型案例解析,下篇为部分高校特色做法提炼。其中,上篇主要是为管理育人提供理论支撑。中篇案例部分共分为九大类:入学与注册,成绩考核与记载,转专业及转学,休学、复学与退学,毕业、结业与学位证书管理,处理、处分与申诉,学生资助管理,特殊群体学生管理和信息变更。每一大类都在开篇作了简短的序言;每一个案例又分为案例简介和案例分析两个部分。案例中涉及的学校和学生信息统一做匿名处理。下篇总结与凝练了部分高校管理育人的特色和亮点,采用大致统一的体例,并实名呈现。本案例集从理论到实践,再到特色提炼,希望能为学校管理育人工作寻找理论支撑以及实践参考,树立高校管理育人的正确认识,为全面提升高校育人能力、全面落实立德树人根本任务提供方向和指引。

本书从策划、编写到出版过程中,得到教育部学生司和学生服务与素质发展中心领导的大力支持。学生司原巡视员解汉林对书稿进行了审阅并为本书题写序言,学生司二级巡视员王林、教育部学生服务与素质发展中心副主任唐小平对书稿的完善及内容的选编均提出了指导意见。上海交通大学马克思主义学院史宏波教授、同济大学高教所张端鸿副教授为本书提出了诸多建设性意见,在此谨致谢忱!本书由上海市教育委员会会同华东师范大学、上海交通大学、上海大学、华东政法大学、上海市学生事务中心等单位组织专家进行编写,由吴能武、张惠虹进行统稿。上篇由李学尧撰写。中篇第一章(入学与注册)由袁铭选编,第二章(成绩考核与记载)由焦佳选编,第三章(转专业及转学)由林佳男选编,第四章(休学、复学与退学)由王沁怡选编,第五章(毕业、结业与学位证书管理)由徐文凤选编,第六章(处理、处分与申诉)由朱秀蓉选编,第七章

（学生资助管理）由周赛君选编，第八章（特殊群体学生管理）由万珊珊选编，第九章（信息变更）由韩燕岑、罗岳峰选编。下篇高校特色做法部分，分别由复旦大学、同济大学、华东师范大学、上海大学、华东政法大学、东华大学、上海理工大学、上海商学院和上海东海职业技术学院等9所沪上高校有关部门提供。

　　高校管理育人工作涉及学生管理的方方面面，本书在编写过程中如有疏漏和不尽如人意之处，诚请广大读者批评指正。期待更多人关注高校育人工作，为培养德智体美劳全面发展的社会主义建设者和接班人共同努力。

编者

图书在版编目（CIP）数据

高校学籍学历管理育人：理论思考与实践探索 / 吴
能武，张惠虹编著. — 上海：上海教育出版社，2024.5
ISBN 978-7-5720-2688-1

Ⅰ.①高… Ⅱ.①吴… ②张… Ⅲ.①高等学校 – 学
籍管理 – 研究 – 中国 Ⅳ.①G647.33

中国国家版本馆CIP数据核字(2024)第101212号

责任编辑　邹　楠
封面设计　郑　艺

GAOXIAO XUEJI XUELI GUANLI YUREN: LILUN SIKAO YU SHIJIAN TANSUO
高校学籍学历管理育人：理论思考与实践探索
吴能武　张惠虹　编著

出版发行	上海教育出版社有限公司
官　　网	www.seph.com.cn
地　　址	上海市闵行区号景路159弄C座
邮　　编	201101
印　　刷	昆山市亭林印刷有限责任公司
开　　本	700×1000　1/16　印张 12.75
字　　数	210 千字
版　　次	2024年7月第1版
印　　次	2024年7月第1次印刷
书　　号	ISBN 978-7-5720-2688-1/G·2368
定　　价	68.00 元

如发现质量问题，读者可向本社调换　电话：021-64373213